名護市・大浦湾の海底に森のように広がる
ハマサンゴなどの群落

琉球新報が伝える
沖縄の「論理」と「肝心《ちむぐくる》」

琉球新報社論説委員会

高文研

「辺野古移設が普天間の危険性除去に一番早い」と話す自民党の石破幹事長（左端）と、
辺野古移設容認に転じた沖縄の自民党国会議員５氏（2013年11月25日午前、東京・自民党本部）

当初は1本だった滑走路も2006年の「米軍再編」協議で2本になった。また大浦湾側には大型艦船が着岸できる港湾施設も建設予定だ。

大浦
大浦湾
弾薬庫地区
燃料桟橋
飛行場支援施設
給油
屋内試験施設
キャンプ・シュワブ
格納庫施設
駐機場
沖縄高専
滑走
辺野古
ヘリパッド
作業ヤード
作業ヤード
辺野古漁港
進入灯

このサンゴの海、ジュゴンの泳ぐ海 を壊すのか⁉

海面に向かって成長するアオサンゴ
（名護市大浦湾）

名護市嘉陽沖を悠々と泳ぐジュゴン
（2005 年 4 月 21 日）

『琉球新報が伝える 沖縄の「論理」と「肝心《ちむぐくる》」』刊行にあたって

「肝苦《ちむぐり》さ」。これは人の痛みをわが事のように思い、辛苦を分かち合う沖縄の言葉だ。日本語に訳すれば「心苦しい」あるいは「可哀想《かわいそう》」が近いだろうが、やはり違う。

人を思いやる心は古くからこの国で受け継がれてきた美徳であるはずだが、こと沖縄の基地問題に関して言えば、沖縄県民の過重負担を見て見ぬふりをする「人ごとの論理」が蔓延しているように思えてならない。この「人ごとの論理」は年々広がりを見せ、今や多くの本土に住む人々の心の中に澱《おり》のようにたまっているのではないかとさえ思える。

米軍絡みの事件・事故、航空機爆音、米兵犯罪、環境破壊、基地跡地利用など基地問題は多面的である。だが問題の本質は実は至ってシンプルだと思っている。

「沖縄にも民主主義を適用せよ」。琉球新報は繰り返し、こう主張している。

日米両国の政治指導者は事あるごとに、日米は自由と民主主義、基本的人権の尊重、法の支配という普遍的価値を共有していると、主張喧伝《けんでん》する。だが、その普遍的価値を沖縄県民とは共有していない。

それは米軍普天間《ふてんま》飛行場の名護市辺野古《へのこ》移設計画をめぐる日米の沖縄への対応を見れば一目瞭然《りょうぜん》だ。

県知事選挙、名護市長選挙、国政選挙などあらゆる選挙で「県内移設反対」の民意が示されているにもかかわらず、日米両政府は事実上黙殺している。これほどあからさまに民意が無視され続ける地域が沖縄のほかに、全国のどこにあるだろうか。

＊

話は変わるが、米国独立宣言の序文はこう記す。

「すべての人間は生まれながらにして平等であり、その創造主によって、生命、自由、および幸福の追求を含む不可侵の権利を与えられている」

最近、この宣言を引き合いにアカデミー賞受賞監督のオリバー・ストーン氏や世界的言語学者のノーム・チョムスキー氏ら米国などの有識者が普天間飛行場の辺野古移設の中止を求める声明を発表した。「戦後ずっと、沖縄の人々は米国独立宣言が糾弾する『権力の濫用や強奪』に苦しめられ続けている」と。

沖縄では、基地の過重負担を押しつけて止まない日米両政府の対応について、沖縄県民に対する「構造的差別」だとの見方が広く共有されている。こうした沖縄の現状は、米国の建国の精神、民主主義の理念に照らしても理不尽だということがほかならぬ米国有識者によって証明された。本土の「人ごとの論理」と、何と対照的であることか。

沖縄県民は、本土防衛の「捨て石」とされた沖縄戦の体験をはじめ、戦後の過酷な米軍統治、1972年の日本復帰後も後を絶たない米軍基地被害など、国策の矛盾を絶え間なく背負わされてきた。

しかし、県民はこれに屈することなく、歴史的事実や現在進行形の植民地的政策の事実を通して、沖縄を踏み台にしたこの国の民主主義の矛盾を突いている。自らは安全圏にいて平然としている「本土平和主義」を鋭く告発し続けている。

沖縄県民は特定のイデオロギーに基づき怒っているのではない。命と人権、沖縄の尊厳を守り、民主主義の「あるべき姿」を問い続けているのだ。報道機関として琉球新報も何か特別なことをしているわけではない。県民と喜怒哀楽《きどあいらく》を共にし、歩んでいる。民主国家の「あるべき姿」を追求しているにすぎない。

県民は、沖縄に構造的差別とさまざまな犠牲を強要するこの国に不信感を募らせている。その中には強力な自治権が必要だと考える人がいれば、新世代の研究者や市民運動家を中心に「もはや独立しかない」と考える人々も増えている。そこまで沖縄に犠牲を強い、追い詰めている自らの不明を、この国の政府、国民は自覚しているだろうか。

＊

明治期、政財界の大物から「まむしの周六」と恐れられた言論人がいた。「萬朝報《よろずちょうほう》」の創業者・黒岩涙香《るいこう》（本名・周六）だ。涙香は創業の精神として「眼光王侯手有斧鉞」（目は王侯になく、手に斧鉞《ふえつ》あり）を掲げた。王侯とは富や権力。つまり、権力におもねらず、手に斧鉞［おのとまさかり］、つまりペン。ペンを武器に権力と闘うという意味だ。ここで詳しく触れる紙幅はないが、涙香はくらいついたら離さない。伊藤博文や山県有朋《やまがたありとも》ら時の権力者の腐敗ぶりを徹底的に暴き続け、読者の絶大な支持を得た。

明治期の琉球新報もまた〝紙ハブ〟と旧慣にこだわる権力者から恐れられていた。１８９３年に本紙を創刊したのは尚順《しょうじゅん》、太田朝敷《ちょうふ》、高嶺朝教《ちょうきょう》ら20代の若手グループで、当時、王国存続や古い慣習・制度にこだわっていた守旧派・頑固党と対峙した。琉球新報は開化派として沖縄の改革を主張し、文明開化を告げる役割を担った。

萬朝報と本紙の創業精神は完全に一致はしないが、民衆のため断固たる覚悟で書き続ける、この点では一致しよう。また権力の横暴、不正に抗《あらが》う紙ハブとしての決意は１２０年余を経た今、日本政府の露骨な沖縄差別政策に抗する中にあっても、なお研ぎ澄まし続けているつもりだ。

本書の発刊が沖縄の実情や県民の思いを理解し、この国のあるべき姿を問い直す一助となれば幸いである。

最後に琉球新報の主張を国内外に広く発信する機会を設けてくださった高文研の山本邦彦氏をはじめスタッフの皆さまと、沖縄関連書を数多く手がけてきた前代表の梅田正己氏にこの場を借りて敬意を表し、感謝申し上げたい。

２０１４年４月１日

琉球新報社　代表取締役社長　**富田　詢一**

＊――【もくじ】

装丁：商業デザインセンター・増田 絵里

ドキュメント

9時40分　糸満市摩文仁の平和祈念公園から宜野湾海浜公園までつなぐ「平和の火」の採火式。糸満市の西平賀雄市長と玉城朗永議長、米須小学校6年の玉城寿倫哉君の3人が採火し、仲里利信実行委員長の持つトーチに点火。

10時00分　トーチが第1走者に手渡され、沿道の声援を受けながら宜野湾海浜公園を目指す。

11時03分　座間味村の「集団自決」の生存者がフェリーで本島着。

12時ごろ　会場にメッセージボードを手にした人々が集まり始める。座間味村の「集団自決」の生存者も会場入り。県内各市町村の実行委員会関係者や住民らが会場に向けて出発し始める。

14時00分　アトラクションが始まり、平和を願う歌や踊りで大会前の会場を盛り上げる。

15時00分　諸見里宏美県PTA連合会会長による開会あいさつで「教科書検定意見撤回を求める県民大会」が始まる。宮古・八重山でも併せて「郡民大会」開会。

15時06分　「平和の火」リレー最終走者の新里真大君らが大きな拍手に迎えられながら宜野湾海浜公園の会場に到着。点火台に火がともされる。

15時07分　仲里実行委員長が「今こそ県民が立ち上がって検定にノーと言うときだ」と訴え、仲井真弘多知事が「検定意見に抗議して記述の速やかな復活を要求する」と決意を示す。

15時46分　吉川嘉勝・渡嘉敷村教育委員会委員長が自らの体験を語り「今回の検定には我慢できない。沖縄戦の事実のわい曲を許してはいけない」と訴える。

16時10分　実行委員会の小渡ハル子副委員長が「日本政府は沖縄の歴史を消そうとするのか」と検定意見に疑問を呈し、玉寄哲永副委員長が「文科省のうその証言を県民の力で一蹴（いっしゅう）しよう」と訴える。

16時28分　会場に詰めかけた人数が十万人を超えたことが発表される。

16時30分　大会の決議文が読み上げられ、拍手でもって採択される。

16時40分　来場者が高々とこぶしを掲げてガンバロー三唱をする。検定撤回の実現を誓い、大会が締めくくられる。

17時すぎ　仲里実行委員長が記者会見を開き「国が看過できない数の県民が集まった」と大会

検定撤回要求

「軍強制記述回復」を決議

文科省「重く受け止める」
検定意見　従来通り妥当性強調

【東京】高校歴史教科書の「集団自決」検定問題で、先島を含め十一万六千人（主催者発表）が集まった県民大会について文部科学省首脳は二十九日夜「すごい数だと思う」と述べた上で「教科書検定は専門家が行っており、内容について政府が言うことではないと受け止めている。ただ、大会の具体的な内容などについてまだ把握していない。県知事が来ると聞いているので詳しく説明を受けた上で考えたい」と述べた。

文科省は同日、県民大会について「悲惨な戦争の教訓を風化させることなく、次の世代に継承すべきであるという沖縄県民の思いを重く受け止めなければならない」との談話を琉球新報社に寄せた。

その中で「検定は教科用図書検定調査審議会の専門的な調査審議に基づいて実施されている。今回の検定も、審議会の調査審議に基づいて検定意見が付された」と従来の見解を繰り返し、修正撤回には応じられないとの見解を示した。さらに「沖縄戦では集団自決をはじめとする悲劇が起こり、多くの人々が犠牲になったことを学校教育でしっかり教えていく」としている。

内閣府幹部の一人は「県民の気持ちは大きい。政府としてもきちっと受け止めなければいけない。結果は文科省に伝える」と述べた。

野党、国会で追及へ
民主・菅氏「決議提出も視野」

二十九日の「教科書検定撤回を求める県民大会」終了後、民主党、共産党、社民党、国民新党・そうぞう・無所属の会の野党各党は、十月三日から予定される衆院本会議の代表質問で、教科書検定撤回について政府の姿勢をただすことを明らかにした。

菅直人民主党代表代行は二十九日、記者団に対し「（質疑で）政府が消極的な姿勢を取れば、国会決議、特に参院で大会決議と同じ決議を提出することも視野に入れる」と表明した。

菅代表代行は「集団自決」の証言者について「国会の委員会で参考人として話を聞きたい。与党が抵抗しても参院では十分可能だ」と、証言者の参考人招致にも前向きな考えを示した。

一方、与野党の県選出・出身国会議員も、超党派による要請行動などに向け、週明けから協議を始めることで一致した。

大会決議文

去る三月三十日、文部科学省は、平成二十年度から使用される高等学校教科書の検定結果を公表したが、沖縄戦における「集団自決」の記述について、「沖縄戦の実態について誤解するおそれのある表現である」との検定意見を付し、日本軍による命令・強制・誘導等の表現を削除・修正させている。

その理由として同省は、「日本軍の命令があったか明らかではない」ことや、「最近の研究成果で軍命はなかったという説がある」ことなどを挙げているが、沖縄戦における「集団自決」が、日本軍による関与なしに起こり得なかったことは紛れもない事実であり、今回の削除・修正は体験者による数多くの証言を否定し歪曲しようとするものである。

このため、これまで口を閉ざしていた多くの体験者が子供たちに誤った歴史を教えることとの危機感から、辛い体験や真実をようやく語り始めている。

また、去る大戦で住民を巻き込んだ国内唯一の地上戦を体験し、一般県民を含む多くの尊い生命を失い、筆舌に尽くしがたい犠牲を強いられた県民にとって、今回の削除・修正が到底容認できるものではないことから、激しい怒りを示し、そのうねりは県内全体を揺るがす力となって、沖縄県議会での二度の意見書決議、四十一の市町村議会全ての

った。

これに対し、文部科学省は「教科用図書検定調査審議会が決定することであり、理解していただきたい」との回答に終始し、検定意見の撤回と「集団自決」に関する記述の回復を拒否し続けている。

また、今回の教科書検定に際して、文部科学省はあらかじめ合否の方針や検定意見の内容を取りまとめた上で同審議会に諮問していること、諮問案の取りまとめに当たっては係争中の裁判を理由にし、かつ、一方の当事者の主張のみを取り上げていること、同審議会では「集団自決」の議論が全くなされていなかったことなど、新たな事実が相次いで判明したのにもかかわらず、依然として対応を改めようとしていない。

教科書は未来を担う子供たちに真実を伝える重要な役割を担っている。だからこそ、子供たちに、沖縄戦における「集団自決」が日本軍による関与なしに起こり得なかったことが紛れもない事実であったことを正しく伝え、沖縄戦の実相を教訓とすることの重要性や、平和を希求することの必要性、悲惨な戦争を再び起こさないようにするためにはどうすればよいのかなどを教えていくことは、我々に課せられた重大な責務である。

よって、沖縄県民は、本日の県民大会において、県民の総意として国に対し今回の教科書検定意見が撤回され、「集団自決」記述の回復が直

県民へのアピール

砲弾の豪雨の中へ放り出され
自決せよと強いられ
死んでいった沖縄人の
魂は
怒りをもって再びこの島の上を
さまよっている
いまだ砲弾が埋まる沖縄の野山に
拾われない死者の骨が散らばる
泥にまみれて死んだ魂を
正義の戦争のために殉じたと
偽りをいうなかれ
歴史の真実をそのまま
次の世代へ伝えることが
日本を正しく歩ましめる
歪められた教科書は
再び戦争と破壊へと向かう
沖縄戦の死者の怒りの声が
聞こえないか
大和の政治家・文科省には届かないか
届かなければ　聞こえなければ
生きている私たちが声を
一つにして

宮古・八重山　史実継承訴え
計6000人参加

【宮古・八重山】高校歴史教科書の「集団自決」検定問題で、宮古、八重山の郡民大会が二十九日、両地域で開催された。宮古大会には二千五百人、八重山大会には三千五百人（いずれも主催者発表）が参加し、国へ検定意見撤回を求める大会決議を行った。

平良の多目的前福運動公園場で開かれた「教科書検定意見撤回を求める宮古郡民大会」（同実行委員会主催）には、宮古島市の伊志嶺亮市長や多良間村の下地昌明村長をはじめ労働者、PTA、高校生の代表らが登壇し戦争の実態を伝える大切さを訴えた。

石垣市総合体育館で開かれた「教科書検定意見撤回を求める八重山郡民大会」（同実行委員会主催）には、大浜長照石垣市長、大盛武竹富町長、外間守吉与那国町長をはじめ、戦争体験者や高校生の代表らが登壇し、教科書検定意見の撤回を訴えた。

合意文案を中国が提示
無能力化「年内」に言及

【北京29日共同】北朝鮮核問題をめぐる六カ国協議は三日目の二十九日、議長国中国が合意文書の草案を各国に提示した。複数の協議筋による

テレビ面は24面に移しました

（1）総合 1版 （1968年2月2日第3種郵便物認可）

ryukyushimpo.jp
ABC認証紙

琉球新報
THE RYUKYU SHIMPO
第35462号

2007年（平成19年）
9月30日日曜日

発行所 琉球新報社
郵便番号 〒900-8525
那覇市天久905番地
私書箱 〒900-8656
那覇中央郵便局私書箱15号

ニュースや情報提供 098（865）5154
購読のお申し込み （0120）395069
広告のお申し込み （0120）415059
本社事業案内 098（865）5256
総合受付 098（865）5111
読者相談室 098（865）5656

（日刊）

11万6000人結集

県民大会に集った11万人の参加者＝2007年9月29日午後4時ごろ、宜野湾海浜公園（本社チャーター機から山城博明）

「集団自決」記述に抗議

復帰後で最大 文科省を批判

9.29 検定撤回 県民大会

2、3、34、35面に関連 15、16、17、18、19面に特集

文部科学省の高校歴史教科書検定で沖縄戦における「集団自決」（強制集団死）の日本軍強制の記述が削除・修正された問題で、二十九日午後三時から宜野湾市の宜野湾海浜公園で開催された「教科書検定意見撤回を求める県民大会」（同実行委員会主催）には十一万人が参加、宮古、八重山の郡民大会も含めると、県内外から十一万六千人（主催者発表）が結集した。一九九五年十月二十一日の米兵による少女乱暴事件に抗議する県民大会（宮古、八重山を含め九万人）を上回る復帰後最大の抗議集会となった。検定意見撤回と記述回復を求める決議を満場一致で採択。県民の声を追い風に、実行委員会は十月十五日に上京し、福田康夫首相や渡海紀三朗文科相らに要請する意向。

仲井真弘多知事は国への要請行動に参加する方向で、週明けに日程調整に入る。

宮古、八重山大会参加の五市町村長を除く全三十六市町村長が大会に参加。舞台では市町村長のほか、県選出・出身国会議員、県議、市町村議会議長らが並んで座った。

諸見里宏美県PTA連合会長の「県民へのアピール」に続き、仲里利信大会実行委員長（県議会議長）、仲井真知事があいさつ。仲井真知事は「『集団自決』の日本軍の関与については、当時の教育を含む時代状況の総合的な背景や手りゅう弾が配られるなどの証言から覆い隠すことのできない事実である」と強調。県民の要請を受け入れない文科省を「極めて遺憾」と批判し、「県民を代表する者として、今回の文科省の検定意見に対して強く抗議し、遺憾の意を表明するとともに、検定意見が速やかに撤回され、記述の復活がなされることを強く要望する」と訴えた。

その後、中山勲県教育委員長や高校生、女性、各団体、青年代表があいさつした。「集団自決」の生き残りの吉川嘉勝渡嘉敷村教育委員長、座間味島の「集団自決」証言者の宮平春子さん（代読）が発言した。各大会とも最後は、検定意見撤回を目指し、十一万六千人がガンバロー三唱で締めくくった。

大会後の記者会見で仲里実行委員長は「県民の十人に一人が参加したことになる。国にとっても看過できない数字だ。これをもとに力強く検定意見の撤回を目指して頑張っていきたい」と大会成功を確認した。

県民大会は実行委員会構成団体の二十二団体と、共催団体の二百四十七団体が開催した。

秋田国体開幕 県代表、堂々行進

デンファレを掲げ、堂々と入場行進する県選手団＝秋田県立中央公園県営陸上競技場

【秋田国体取材班】「君のハートよ位置につけ」をスローガンに、第62回国民体育大会（秋田わか杉国体）が二十九日、秋田県立中央公園県営陸上競技場で開会式を行い、十月九日までの11日間に及ぶ熱い戦いが幕を開けた。また、全競技のトップを切って横手市でボウリングが、男鹿市でセーリングが行われた。

（23面に関連）

入場行進は北海道を先頭に行われ、県選手団（団長・牧野浩隆県体育協会副会長）は、翁長誠旗手（軟式野球一般A・沖縄電力）を筆頭に開催地秋田県の一つ前、46番目に入場。JAおきなわから提供されたデンファレの花を高く掲げ、堂々と行進した。三十日から重量挙げなど18競技が始まる。

日本ハム連覇

プロ野球 パ・リーグ

プロ野球パ・リーグは二十九日、千葉マリンスタジアムで日本ハムがロッテに9—1で勝ち、2年連続4度目（東映時代を含む）の優勝を決めた。日本ハムの連覇は初めてで、パ・リーグでは一九九九年、二〇〇〇年にダイエー（現ソフトバンク）が2連覇して以来。

（21面に関連）

今季限りでの退団が決まっているヒルマン監督は昨年に続くリーグ制覇。パ・リーグは一昨年もバレンタイン監督が率いたロッテが優勝しており、3年連続で外国人監督がチームを頂点へ導いた。日本ハムは昨年に続く日本一を目指し、既に3位以内が確定しているロッテ、ソフトバンクと日本シリーズ出場権を争うクライマックスシリーズに挑む。

連続の日本一に

キャンプ地名護市の島袋吉和市長の話 リーグ優勝を大変うれしく思う。選手、監督、フロントの皆さん、本当におめでとう。新庄、小笠原両選手が抜けて心配されたが、投手力がよく、何よりもチームワークが素晴らしかった。キャンプ地である名護市の知名度も上がると思う。15日にクライマックスシリーズの応援に行くが、2年連続の日本一を祈念したい。

提に、北朝鮮への経済・エネルギー支援などの見返り措置の実施に言及しているもようだ。

しかし、北朝鮮と米国をはじめとする五カ国の間で主張に隔たりがある無能力化の具体的な手順や水準については「不十分な点が多い」（協議筋）と受け止められており、合意文取りまとめまでに内容や表現は二転三転するとみられる。

天気は3面に移しました

金口木舌

項羽と劉邦の戦いで趙は項羽に味方した。これに対し劉邦陣営の韓信は兵法の常識に逆らい、あえて川を背に漢軍の陣を敷いた。趙軍は大笑いして攻めかかったが、決死の覚悟で戦う漢軍に結局、破れた▼中国の「背水の陣」の故事だが、いきさつをよくみると、単に捨て身の側が勝ったという話ではない▼韓信は別働隊を準備していて、勢い込んで飛び出した趙軍の砦をひそかに占拠し、漢軍の旗を二千本も並べた。漢軍の抵抗に遭って引き返そうとした趙軍は自陣にひるがえる漢軍の旗を見て大混乱し、総崩れになった▼この韓信は初め項羽に仕えたが、何を言っても無視されたため、劉邦の下に去った人物だ。項羽は劉邦を上回る才能を持っていたが、人望がなくて孤立した結果、最後は「四面楚歌」の境遇に至る▼さて現代日本では「背水の陣」内閣が発足した。福田康夫首相自ら命名したというが、「一歩間違えば政権を失う」との自戒を込めたらしい。韓信のごとく知略をめぐらせて野党を破る算段があるわけではないようだ▼就任会見では「説明責任」を強調したが、言葉通りあらゆる施策で説明を尽くすよう願いたい。さもなくば人望を失い、四面楚歌に陥ること必定だ。

2007年9月29日――

社説

教科書検定意見撤回を求める県民大会

歴史わい曲は許さない　結集し撤回への総意示そう

声を上げる。このことがいかに重要か。教科書検定意見撤回を求める県民大会の大きなうねりは、県子ども会育成連絡協議会会長の怒りの電話に端を発する。県婦人連合会、PTA連合会がまず結束。連携の輪は県内はもちろん、県外まで異例の広がりを見せている。

そしてきょう、県民大会が開催される。実行委員会は当初5万人規模の参加を目標に掲げたが、歴史のわい曲を許さないという県民の決意は固く、目標を軽く超えるに違いない。国・文部科学省は、大会をしっかり見てほしい。県民の怒りがどれほどのものか。歴史をゆがめることがいかに愚かなことか。

✤責任は文科省に

わたしたち県民がなぜ、こぞって反発しているのか。高校歴史教科書検定で、沖縄戦の「集団自決」記述から日本軍の強制・関与が削除・修正されたからだ。しかも、教科用図書検定調査審議会ではほとんど議論もなく、文科省の調査官が出した意見書に沿った内容で提言がなされた。さらに、審議会には沖縄戦を詳しく研究した専門家もいない。

沖縄戦当時、住民は米軍の捕虜になれば、女性は辱めを受け、男性は惨殺されるという情報を信じさせられ、恐怖を植え付けられていた。生き残る選択肢はなかったに等しい。

糸満市のカミントウ壕での「集団自決」から生き残った74歳の女性は証言する。壕内に砲弾が撃ち込まれたことで、入り口付近の日本兵2人が自決。直後、住民の「集団自決」が始まった。

多くの家族が次々と手りゅう弾の信管を抜き、命を絶った。手りゅう弾を持っていたのは、家族の中に防衛隊として日本軍から渡されていた男たちがいたからだという。後は地獄のようなさまだ。「片目をえぐられた幼なじみ、内臓が出た人、足がもげて大声を上げて苦しんでいる少年」

別の生き残り女性の体の中にはまだ弾の破片が四個残っている。「集団自決」で破裂した手りゅう弾のかけらだ。60年も前にあったらしいというあやふやな事ではない。女性の体にある破片は、恐ろしい事実をわたしたちに突き付けている。

もし、当時の住民が「米軍に見つかったら決して抵抗せず、捕虜になりなさい。生き残れるかもしれない」と教えられていたら、どれほどの人が死なずにすんだか。恐怖に駆られた肉親同士が「早く死ななければ」と殺し合うことなど決してなかった。

文科省側は、意見書を付すに当たり、沖縄の地を踏んで調査していない。あまりにもずさんだ。このような認識で、「集団自決」の実相をゆがめられてはたまらない。検定意見をまとめた文科省の責任はとてつもなく重い。

✤最終目的は記述復活

就任したばかりの渡海《とかい》紀三朗文科相は県民大会について「どういう大会になるのか、どういう意見が出るのかを見極めて対応したい」と、これまでの文科相対応とは違う含みを持たせた発言をした。

しかし見極める必要はない。沖縄側の主張ははっきりしているからだ。県と41市町村議会すべてが抗議決議し、大会には41首長すべてが出席する。実行委員会には老若男女、農林漁業、企業など多方面にわたる22団体が加わり、一致して検定意見の撤回を求めているのだ。

それでも見極めたいというなら、ぜひ大会に参加して、じかに県民の訴えを聞き、意志の結集を肌で感じてほしい。「集団自決」から生き残ったお年寄りの苦痛に満ちた証言を聞いてほしい。

大会では「子どもたちに、沖縄戦における『集団自決』が日本軍の関与なしに起こり得なかったことが紛れもない事実であったことを正しく伝えること（中略）は我々に課せられた重大な責務である」と訴え「県民の総意として国に対して今回の教科書検定意見が撤回され、『集団自決』記述の回復が直ちに行われるよう」求める決議を採択する。

思想信条を超え結集する大会は、歴史に刻まれるものとなろう。県民はそれほどの決意を持っている。

確認しておきたいのは、わたしたち県民にとって、大会成功が目標の達成ではない。あくまで、日本軍強制の記述の復活、つまり検定意見の撤回が最終目標だ。大会は、文科省を動かす第一歩であり、撤回実現まで要求し続けたい。

ドキュメント

午前　県内各地のイベントで黄色いリボンを着けた県民らが連帯の意思表示。
12時ごろ　会場へ向かう道路で渋滞始まる。
13時すぎ　仲井真弘多知事が会場入り。

■歌で願う

13時1分　オープニングイベント開始。県内アーティストらが歌などで基地がない沖縄を願う。
14時ごろ　実行委員や伊波洋一宜野湾市長、稲嶺進名護市長、島袋俊夫うるま市長らが続々会場入り。
15時　県民大会開始。共同代表の翁長雄志那覇市長が開会のあいさつ。同時刻に東京都千代田区の社会文化会館で「4・25県民大会とともに声をあげよう東京集会」もスタート。約千人が集結。
15時10分ごろ　共同代表の高嶺善伸県議会議長が主催者を代表してあいさつ。
15時20分すぎ　仲井真知事があいさつ。普天間の危険性除去と基地の負担軽減を政府に要求。

■渋滞10キロに

15時30分　国道58号の渋滞が最大10キロに。
15時30分　伊波市長、稲嶺市長、島袋市長、赤嶺博之勝連漁協組合長が県内移設反対の決意表明。
16時8分　宮古地区大会が始まる。
16時28分　共同代表の大城節子沖婦連会長が大会決議・大会スローガンを読み上げ、満場の拍手で採択。
16時30分　大会事務局が参加者数を発表。24日の八重山、25日の宮古の大会を合わせ計9万3700人。
16時30分　「東京集会」参加者が社会文化会館から銀座までデモ行進。
16時34分　共同代表の仲村信正連合沖縄会長の音頭でガンバロー三唱。閉会。
17時31分ごろ　宮古地区大会で大会決議・スローガンを拍手で採択。
19時　前原誠司沖縄担当相が「県民の思いは政府として真摯に受け止める必要がある」とコメント。

■人文字くっきり

19時30分　東京都新宿区の明治公園で「沖縄に基地はいらない　全国同時アクション　TOKYO」。キ

9万人超 決意固く

政府に国外・県外要求

米国務次官補
日米で負担軽減
取り組み促進の意向　きょうから協議

【ワシントン25日＝与那嶺路代本紙特派員】米軍普天間飛行場の県外・国外移設を求める県民大会について、キャンベル国務次官補（東アジア・太平洋担当）は25日、「集会は、日米両政府が沖縄の負担軽減を前進させなければならないことを明確にした」と述べ、両政府で問題解決に向けて取り組みを促進する考えを示した。日本政府のチームが同日にワシントンに到着し、26日から普天間問題などについて協議を始めることも明らかにした。レーガン・ナショナル空港で記者団に答えた。

キャンベル氏は「（沖縄の負担軽減は）われわれの作業の重要な要素であり、20年近くもこの問題に深く取り組んできた。解決へと前進させたい」と決意を述べた。岡田克也外相がルース駐日米大使と会談し、現行案を軸に調整を始めると伝えたとの米紙報道については「コメントできない」と言及を避けた。

キャンベル氏は27、28の両日、日本を訪問し、普天間問題について日本政府側と協議する。

仲井真知事
県内拒否は明確にせず
危険性除去など訴え

県民大会終了後、記者団の質問に答える仲井真弘多知事＝25日午後4時40分ごろ、読谷村運動広場

4・25県民大会であいさつした仲井真弘多知事は、普天間飛行場の早急な危険性除去と県民の過重な基地負担軽減の2点を強く訴えた。一方、大会終了後、記者団に対し、普天間移設の条件付き現行案容認の立場については「撤回はしていない」と述べ、県内移設案の明確な拒否には踏み込まなかった。

知事はあいさつで「戦争の痕跡はほとんどなくなったが、米軍基地はほとんど変わることなく目の前に座っている。日本全国で見れば明らかに不公平、差別に近い印象を持つ」と厳しく指摘。「基地問題は沖縄だけの問題ではない。全国の皆さんの安全保障が沖縄につながっている。過重な基地負担の軽減に手を差し伸べてほしい」と全国民に呼び掛けた。

一方、大会後に記者団の質問に応じた知事は、条件付きで現行案を容認してきた立場から県外移設を求める方向へ転換するかについて「名護市も含め長年の苦渋の選択の積み上げみたいなもので、県内もやむを得ないと、条件付きとはいえようやく来ており、まだ完全否定はしていない」と従来姿勢を堅持した。

あいさつで鳩山政権の公約履行を要求したことについて「選挙の時に県民が受け取った内容に沿って、しっかりとやってもらいたい」と説明。その上で政府の移設先の検討作業を見極めたいとの考えを示した。

大会の印象について「これだけ大勢の方が集まったのは驚きだ。組織的に動員された人の何倍も個人でいろんな思いを持った方々が大勢集まったという印象を強く持った」と述べた。

大会決議

普天間飛行場の返還は平成8年日米特別行動委員会（ＳＡＣＯ）合意から13年経過した今なお実現を見ることはなく、その危険性は放置されたままです。

しかも、平成16年（２００４年）8月13日に発生した沖縄国際大学構内への米軍海兵隊所属ＣＨ53Ｄ大型輸送機ヘリコプターの墜落事故は、市街地に位置し、住宅や学校等が密集する普天間飛行場の危険極まりない現実を明らかにしました。一歩間違えば大惨事を引き起こしかねず「世界一危険な飛行場」の存在を改めて内外に明らかにしています。しかも、平成18年（２００６年）の在日米軍再編協議では同飛行場の全面返還を合意しており、県民や宜野湾市民は、最も危険な普天間飛行場を早期に全面返還し、政府の責任において跡地利用等課題解決を求めているのです。

私たち沖縄県民は、去る大戦の悲惨な教訓から戦後一貫して「命どぅ宝」、基地のない平和で安全な沖縄を希求してきました。にも関わらずＳＡＣＯ合意の「普天間飛行場条件つき返還」は新たな基地の県内移設に他なりません。

県民の意思はこれまで行われた住民投票や県民大会、各種世論調査などで明確に示され、移設先とされた名護市辺野古沿岸域は国の天然記念物で、国際保護獣のジュゴンをはじめとする希少生物をは

陸上への基地建設に反対しています。また、勝連半島沖埋め立て案についてはうるま市長・市議会ともに反対を表明しています。

よって、私たち沖縄県民は、県民の生命・財産・生活環境を守る立場から、日米両政府が普天間飛行場を早期に閉鎖・返還するとともに、県内移設を断念し、国外・県外に移設されるよう強く求めるものです。

以上決議する。

２０１０年4月25日
4・25県民大会
（あて先・首相、外相、防衛相、沖縄担当相、官房長官、駐日米国大使）

大会スローガン

■日米地位協定の抜本的改定を求める。
■返還後の跡地利用を促進するた

3面に、テレビ面は26面に移しました

ニュースや情報提供 098(865)5158
広告のお申し込み (0120)415059
購読・配達の問い合わせ (0120)395069
本社事業案内 098(865)5256
読者相談室 098(865)5656

琉球新報
THE RYUKYU SHIMPO
第36389号

2010年（平成22
4月26日
[旧３月13日・先負

発行所 琉球新報
〒900－8525那覇市天久9
電話 098(865)511

「普天間」県内ノー

4・25県民大会でガンバロー三唱する参加者＝25日午後4時34分、読谷村運動広場（花城太撮影）

超党派 歴史的な県民大会

「米軍普天間飛行場の早期閉鎖・返還と、県内移設に反対し、国外・県外移設を求める県民大会」（実行委員会主催）が25日午後3時から読谷村運動広場で開かれた。日米両政府に県内移設の断念を迫り、国外・県外への移設を求める大会決議と、日米地位協定の抜本的改定を求める大会スローガンを採択した。日米特別行動委員会（ＳＡＣＯ）合意から13年余が経過しても返還が実現しない普天間問題をめぐり、初めて超党派で政府に県内移設反対を訴える歴史的な大会となった。

2、3、28、30、31面に関連、13～17面に特集

動画

実行委員会は、渋滞で会場に到着できなかった人（試算1万人）を含め、参加者を9万人と発表した。24日の八重山郡民大会（主催者発表700人）、25日の宮古地区大会（同3000人）を含め、計9万3700人が大会に賛同した。

沖縄へのこれ以上の米軍基地の押し付けを認めない県民の民意が両政府に示されたことで、5月末の決着を目指すとした鳩山政権の移設先見直し作業に大きな影響を及ぼす。

あいさつに立った仲井真弘多知事は「1日も早い普天間の危険性除去は言うまでもなく、閣僚によっては固定化もありうるとの発言をちらほら聞くが、絶対許してはならない」と訴え、鳩山政権が衆院選で約束した県外・国外移設の履行を要求した。

大会は、共同代表の1人である翁長雄志那覇市長の開会宣言で幕開けし、高嶺善伸県議会議長が主催者を代表してあいさつした。普天間飛行場を抱える伊波洋一宜野湾市長、県内での移設先として取りざたされる稲嶺進名護市長、島袋俊夫うるま市長らも、受け入れ反対で決意表明した。

漁民を代表して赤嶺博之勝連漁協組合長が、勝連沖案への反対を表明。高校生代表として、普天間高校3年の志喜屋成海さん、岡本かなさんが登壇し、基地のない沖縄の未来に向けたメッセージを読み上げた。

会場を埋め尽くした参加者は、大会のシンボルカラーである「黄色」のＴシャツや小物を身に着け、県内移設に傾く政府に「イエローカード」を突き付けた。大会が始まっても会場に向かう道路は渋滞が続いた。

◆天気は3面に、テレビ面は26面に移しました。

沖縄市長選

東門氏が再選

喜屋武氏に1467票差

【沖縄】任期満了に伴う沖縄市長選挙は25日、投開票され、現職・東門美津子氏(67)＝無所属、社民、共産、社大推薦＝が2万3013票を獲得し、元県歯科医師会会長の喜屋武満氏(62)＝無所属、自民、公明推薦、前市議の江洲真吉氏(60)＝無所属＝の新人2氏を破り、2選を果たした。

東門氏は自公体制で選挙戦に臨んだ喜屋武氏に1467票の小差だった。1期4年間の実績と中心市街地活性化基本計画の実施を前面に押し出した東門氏が支持を得た。投票率は51・03％。前回（59・11％）に比べ、8・08ポイント下回り、過去最低の投票率となった。

（4、30面に関連）

喜屋武氏は2万1546票、江洲氏は4459票だった。自公勢力は石垣市長選で勝利した勢いをつなぐことができず、態勢の立て直しを迫られる。一方、県政野党は秋の知事選に向けて弾みをつけた。選挙戦では中城湾港泡瀬沖合埋め立て（東部海浜開発）事業の進め方や中心市街地活性化などが争点となった。

当日有権者数は9万7756人。投票総数は4万9884人。有効投票者数は4万9018票。無効866票。

市民のための市政に

東門美津子氏の話 4年間の市政を市民のためにしっかりやりたい。東部海浜開発は市民や市議会、4党と話し合った上で土地利用計画を国に提出する。

東門美津子氏（とうもん・みつこ）1942年11月16日生まれ、旧勝連町出身。66年琉大卒。副知事、衆院議員などを経て、2006年沖縄市長に初当選。

2010年沖縄市長選挙得票数（選管最終）

投票率51.03％

当	東門美津子氏（無所属、社民、共産、社大推薦）	23,013票	
	喜屋武　満氏（無所属、自民、公明推薦）	21,546票	
	江洲　真吉氏（無所属）	4,459票	

沖縄市長選で2選を決め、支持者と喜びの万歳をする東門美津子氏＝沖縄市照屋の選挙事務所

―― 2010年4月26日

金口木舌

民主党政権が誕生した昨年は、作家・太宰治の生誕百年の節目の年でもあった。太宰の短編小説に「走れメロス」がある▼暴虐の王から街の人を救おうとしたメロスは、逆に捕らえられ処刑されることになる。妹の結婚式だけは出席させてほしいと、メロスは申し出て、3日目には必ず戻ると約束する▼王は「逃がした小鳥は帰ってこない」と信じないが、友人を身代わりに立て、戻らなければ、友人を処刑する条件で願いを許した。結婚式を終えたメロスは、帰路、川の氾濫や山賊に襲われ、あきらめかけるが、最後の力を振り絞り、走り続けて約束を果たす▼この小説を持ち出したのは「最低でも県外」と約束した鳩山由紀夫首相に期待を込めるからだ。「普天間」は辺野古沖への回帰案が浮上し「県外」は厳しい状況だ。鳩山首相は否定するが、政権内部の足並みはそろわず「県内」に傾いている▼先の小説で、約束を果たしたメロスに友人は「一度だけ疑った」と謝る。それを見た王は感動して、人を信じる心を取り戻す▼鳩山首相はメロスなのか、「裸の王様」なのか、それとも弟の邦夫氏がいう「相手に応じて意見を七色に変える」カメレオンなのか。いずれにせよ歴代首相で基地の県外移設を主張したのは鳩山首相だけだ。今は公約実現に走り続ける首相を疑わずに応援するしかない。

2010年4月26日――

普天間基地の閉鎖・県外移設を求める県民大会

社説

基地なき島へ新たな始動 未来に誓った約束の重み

「民主主義は与えられるものではなく、奪い勝ち取るもの」。日本の教科書にはないが、そんな歴史を沖縄県民は先人から学んだ。

その教えと教訓が4月25日、読谷村《よみたん》で開催された「普天間《ふてんま》飛行場の早期閉鎖・返還と、県内移設に反対し、国外・県外に移設を求める県民大会」で発揮された。

初の超党派の大会には出席が危ぶまれた仲井真《なかいま》弘多《ひろかず》知事も登壇し、思想信条を超え、県民が心を一つに危険な基地の早期撤去と県内移設反対を日米両政府に突き付けた。会場には10万人近い県民が押し寄せ、戦後65年間、復帰後38年間も変わらぬ基地の過重負担に強い異議を唱えた。

✤政府の揺さぶり

「最低でも県外」と県民に公約した鳩山由紀夫首相は、もはや後戻りはできまい。新たな基地の県内建設という野望を捨て、危険な基地の撤去を急ぐべきだ。

県民大会で県民が口にしたのは、未来への約束、子どもたちへの誓いだ。それは「基地のない平和な沖縄の実現」だ。

次代の子どもたちに米軍基地の被害と負担を残さないこと。私たちの世代で基地被害や基地依存から脱却し、明るい未来を描く真っ白なキャンバスを残すこと。それが、県民大会に参加した人々の共通する願いであり、誓いだ。

仲井真知事は、大会直前まで参加をためらった。参加見送りを促す政府の圧力に悩んだか。政府に盾を突くことで、2年後に更新期を迎える政府の沖縄振興計画や振興策に悪影響が出ないか。財政依存度が全国に比べ突出する県経済だ。「ムチ」の痛みはどれほどか。

新基地建設容認と引き換えに自治体に支払われる基地交付金、基地建設に伴う大型の公共事業は、建設業の比重の高い沖縄にとって、手を伸ばしたくなるアメだ。

しかし、知事は大会出席を選択した。「日米同盟を肯定する」という知事でさえ、「沖縄の負担は応分をはるかに超えている」と壇上で訴え、「普天間の危険性の早期除去」「過重な基地負担の軽減」の二つを政府に要求した。同時に沖縄の次期振興計画の柱となる「沖縄21世紀ビジョン」の基本が、「基地のない平和な沖縄」と強調した。２０３０年までの長期ビジョンだが、知事は次代の子どもたちに「米軍基地の撤去」を誓った。

稲嶺進名護市長は、県民大会のうねりを「国民の民主主義を取り戻し、県民の人権を取り戻す闘い」と表現した。

２０１０年1月の市長選で普天間の辺野古《へのこ》移設現行案反対を訴え当選した稲嶺市長は、「オール沖縄で反対する原動力となり、先導役を担った名護市民を誇りに思う」と語り、政府内で再浮上する「辺野古回帰」の動きにくぎを刺した。

沖縄には在日米軍専用施設の74％が集中する。米軍再編で合意された普天間など嘉手納基地より南の五基地が返還されても、占有率は70％を超える。

✤政府は「矛盾」解消を

「過重負担に耐え続ける県民に、世界一危険な基地一つ撤去できない政府」（伊波《いは》洋一宜野湾市長）への不信感が会場を包んだ。

高嶺善伸《たかみねぜんしん》県議会議長は、「歓迎しないところに基地は置かない」と語った米元国防長官の言葉を引き合いに、「受け入れを歓迎、決議したテニアン、北マリアナになぜ移設しないのか」と矛盾を突いた。

「4・28」（1952年）は、サンフランシスコ講和条約が発効した戦後日本の「独立記念日」だ。だが、沖縄にとってその日は日本政府が沖縄を切り捨て、米軍統治に委ねた「屈辱の日」だ。

米軍統治下で沖縄住民は「銃剣とブルドーザー」で土地を収奪され、犯罪の限りを尽くす米兵らの被害に耐え、命を自衛し、「自治は神話」とさえ豪語する米支配者の圧政をはねのけ、自らの手で自治を奪い民主主義を勝ち取った。政府が米国に委ねた施政権を返還させたのも、祖国復帰への心を一つにした住民運動だった。

痛めつけられてもくじけず、過重な負担に耐え、侵害された人権や奪われた権利、脅かされた生活を、常に県民は自らの手で取り戻し、勝ち取ってきた。

政府は2010年5月末までに移設先を決断するという。大会決議をいかに実現するか。闘いはこれからだ。4・25県民大会を、将来の基地撤去に向け県民の新たな挑戦が始まった日として胸に刻みたい。

動画…この記事は新報HPで動画が見られます ryukyushimpo.jp

ニュースや情報提供
098(865)5158
広告のお申し込み
(0120)415059
購読・配達の問い合わせ
(0120)395069
本社事業案内
098(865)5256
読者相談室
098(865)5656

琉球新報
THE RYUKYU SHIMPO 第36398号

（日刊）
2010年（平成22年）
5月5日水曜日
［旧3月22日・赤口］
発行所 琉球新報社
〒900−8525那覇市天久905番地
電話 098(865)5111
©琉球新報社2010年

首相「県内」を表明

普天間移設

辺野古沖くい打ち案軸

初来県 名護市長は拒否

鳩山由紀夫首相は4日、就任後初めて来県し、普天間飛行場返還・移設問題をめぐり仲井真弘多知事や稲嶺進名護市長らと相次いで会談した。首相は稲嶺市長との会談で「県外を模索してきたが、あまり遠い所に移設地を求めることができない。辺野古の海を汚さない形での決着がないか模索するのも非常に重要」と述べ、名護市辺野古沖にくい打ち桟橋（QIP）方式を軸とする代替施設を造る案を事実上提示した。稲嶺市長は「到底受け入れられない」と拒否した。仲井真知事は県外移設実現を追求するよう求めた。

2、3、6、7、10、26、27面に関連

県外要求の知事に陳謝

首相は同時に、鹿児島県・徳之島への機能移転を目指し、地元に要請する意向も示した。

首相は4日、仲井真知事や高嶺善伸県議会議長、県内の基地所在市町村長らと会談。知事との会談で「抑止力の観点から不可能だ」として国外移設を否定し、「すべてを県外でということは現実問題としては難しい」と述べ、全面的な県外移設を断念し、県内移設への理解を求めた。移設先選定をめぐる迷走を念頭に「沖縄の人々におわびしたい」と陳謝した。

高嶺議長には、埋め立てを極力抑える方向で米側と交渉する考えを表明した。

県外移設が難しい理由として「アジアの情勢を見たとき、日米同盟を維持していく中での抑止力の観点から沖縄の皆さんや沖縄周辺の皆さんに負担をお願いせざるを得ない状況になっている」と強調。また海兵隊の陸上部隊とヘリ部隊の共同訓練に支障が出ることを挙げた。その上で沖縄全体としての負担軽減を図りたいとの考えを示した。

仲井真知事は首相との会談後、「かなり県民の思いとずれがある」と不満を示し「（首相が）県外と言ってこられた点について、5月末までまだ時間があり、もっと検討してもらいたい」と述べた。首相の説明について「打診されたとは思っていない」と述べた。

稲嶺市長は会談で「小さな島にこれ以上、新たな基地ができるというのは限度を超えている。沖縄に対する差別でもある」と訴えた。 ▶動画

一方、政府は4日、日米の実務者協議を防衛省で開き、調整を本格化させた。しかし米側が日本側の提案を受け入れる保証はなく、協議の難航が予想される。

首相発言骨子

- 日米同盟や近隣諸国との関係を考えると、海外移設は抑止力という観点から不可能。
- すべてを県外に移すのは難しい。沖縄の中に一部機能を移設せざるを得ない。
- 埋め立ては極力抑えるという考え方があり、米国との議論でも追求する。海を汚さない形での決着がないか模索する。
- 沖縄にも徳之島にも、基地に関して負担をお願いできないかと、おわびしながら、理解を求めていく。

仲井真弘多知事（右）と会談する鳩山首相＝4日午前、県庁（代表撮影）

政府が検討中の移設案

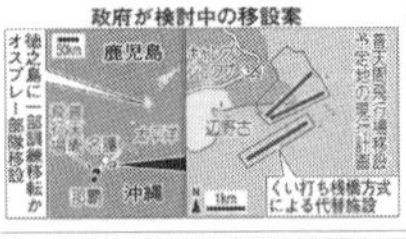

県内移設に反対する市民がガラス越しに見守る中、会談する鳩山首相（右から2人目）と稲嶺市長（左から3人目）＝4日午後5時34分ごろ、名護市民会館（田盛良一撮影）

首相「県民に負担を」

宜野湾で対話集会 解決ならずと住民

【宜野湾】鳩山由紀夫首相は4日午後、宜野湾市の普天間第二小学校で市民との対話集会に臨んだ。参加者からは普天間飛行場の県外・国外移設を求める声が相次いだ。

これに対し、鳩山首相は同飛行場の抑止力に言及し「沖縄の方にまた負担をお願いせざるを得ない」と述べ、県外移設を事実上、断念する考えを示した。

対話集会には同飛行場の周辺住民約100人が出席。2004年に米軍ヘリが墜落した沖縄国際大学の富川盛武学長は「県民総意を斟酌《しんしゃく》しなければいずれ怒りのマグマが噴出する」と語気を強めた。市基地対策協議会委員の佐藤学氏（沖国大教授）は「海兵隊に抑止力がないことは軍事的には常識」と述べ、同飛行場の即時閉鎖を求めた。

続出する厳しい意見に対し鳩山首相は「すべてを県外に移設することは極めて困難。しばらくの間、県民に負担をお願いしなければならない。つらいことではあるが、ご容赦を」と述べた。

伊波洋一宜野湾市長は集会後、「県内移設やむなしとの発言は残念」と述べた。

集会終了後、鳩山首相に直訴しようと駆けつけた住民1人が警察官に止められる一幕もあった。会場周辺には集会に参加できない多くの市民が殺到した。

あすの新聞休みます

5日（水）は新聞製作の作業を休むため6日（木）の新聞は休刊とさせていただきます。テレビ欄は14、15面に移動しました。ご了承ください。

琉球新報社

党公約ではない 「最低でも県外」で首相

鳩山由紀夫首相は4日夕、米軍普天間飛行場移設問題をめぐり「最低でも県外」と述べたことについて「公約は選挙での民主党の考え方だ。党としての発言ではなく、私自身の党代表として発言だ」と述べ、党の公約ではないとの認識を示した。

天気は3面、テレビは14、15面

ニュースや情報提供は
編集局 ☎098(865)5158
FAX 098(865)5222
shakai@ryukyushimpo.co.jp

2010年5月5日

金口木舌

きょうは「こどもの日」。国民の祝日に関する法律で「こどもの人格を重んじ、こどもの幸福をはかる」と定めている。連休に入り、県内の行楽地では子どもたちの笑顔があふれ、親たちも無邪気に遊ぶわが子の成長に目を細めている▼一方で戦後65年たっても在日米軍基地の約74％が集中している沖縄の現状は果たして子どもの人格が重んじられ、幸福がはかられているといえるだろうか▼1955年に米兵が女の子を暴行殺害した事件、宮森小米軍ジェット機墜落事故、95年の米兵少女乱暴事件など子どもたちが犠牲となる基地に起因した事件、事故は後を絶たない▼山内優子元コザ児童相談所長は3月の「子どもを守る文化会議・沖縄集会」で県内の子どもの厳しい現状を説明し「行政も基地問題に振り回され、未来を担う子どもたちの問題を後回しにしてきた」と指摘した▼普天間飛行場移設先を「最低でも県外」と言ってきた鳩山首相から4日の来県で何とも憂鬱な言葉を聞いた。『県外は現実問題としては難しい』『沖縄の人々におわびしたい』▼県民大会で登壇した高校生の「未来は私たちの手の中に」との訴えは多くの人の心に響いた。だからこそ「こどもの日」を前に『君たちが住む未来も沖縄だけに基地が集中しているよ。ごめんね』とも受け取れる〝首相メッセージ〟は聞きたくなかった。

2010年5月5日――鳩山首相来県、「県内移設」に回帰

社説

民意傾聴し「県内」断念を　新基地建設しては禍根残す

鳩山由紀夫首相が5月4日、就任後初めて沖縄入りし仲井真弘多知事、稲嶺進名護市長らと会談、米軍普天間飛行場の移設先に関し、「すべてを沖縄県外でということは現実問題として難しい。沖縄の皆さまに負担をお願いしなければならない」と述べ、県内移設に理解を求めた。

国外移設の可能性についても「日米の同盟関係、近隣諸国との関係を考えたとき、抑止力という観点から難しく、現実には不可能だ」と否定した。

「国外・県外」を熱望する大多数の県民の期待を裏切る発言であり、落胆を禁じ得ない。首相は県民の声に真摯《しんし》に耳を傾け、一部といえども県内に移設する考えは捨てるべきだ。沖縄での新基地建設は末代まで禍根を残す。

✤疑わしい「抑止力」

首相は「政権をつくった後に、最低でも県外が望ましいと申し上げたことがある。県民の思いは国外、県外に移設をしてもらいたいという大きな気持ちになっていると理解している」とも述べた。

そこまで認識しているなら躊躇《ちゅうちょ》する理由はない。基地負担の軽減を求める沖縄の民意を追い風にして国外・県外移設の可能性をなぜ追求しないのか。「不可能」と言い切るのはあまりにも早計だ。

そもそも、普天間飛行場、もしくは代替基地を沖縄に置き続けることが「抑止力」になるという発想自体、極めて疑わしい。普天間飛行場の面積は嘉手納飛行場の4分の1弱で、十数機の固定翼機と三十数機のヘリコプターが常駐しているとされる。

これらの航空機は訓練などでたびたび国外に派遣されており、実質的に飛行場がもぬけの殻同然になる場合も少なくない。そのような基地がどうして抑止力として機能し得るのか。政府側から納得のいく説明は一切なされていない。

首相は、米政府や外務・防衛官僚の言い分を無批判に受け入れる前に、普天間飛行場が存在する意味をじっくりと考えるべきだ。

「県民におわび申し上げないといけない」と首相は述べた。謝られて「分かりました」と納得する県民は誰一人いないだろう。

普天間飛行場に隣接する普天間第二小学校から基地を視察した後、住民との対話集会にも臨んだ。基地の撤去を求める市民の声を聞いても、なお「県内移設」と言い張るのか。

首相は2009年8月、衆院選に向けた主要6政党の党首討論会で、「(普天間飛行場は)最低でも県外移設が期待される」と言明した。民主党のマニフェスト(政権公約)にも「米軍再編や在日米軍基地のあり方についても見直しの方向で臨む」と明記した。

その結果、県内では衆院4小選挙区のすべてで民主党が公認、推薦、もしくは支援する候補が当選、自民党の衆院議員はいなくなった。

✤基地集中は差別

「最低でも県外」という公約をほごにするなら、結果的に票集めのために甘言を弄したことになる。「選挙詐欺」と批判されても仕方あるまい。

県民に公約違反をわび「県内移設」への協力を求めることが沖縄訪問の目的だとすれば、

「一応は県民の声を聞いた」というアリバイづくりでしかない。

沖縄は太平洋戦争で本土防衛の「捨て石」とされ、日本で唯一おびただしい数の住民を巻き込んだ地上戦が行われた。20万人余に上る犠牲者のうち約9万4千人が沖縄の一般住民だ。

戦後は、米軍によって広大な土地が軍用地として強制的に接収され、今も沖縄本島の約18%を基地が占めている。国土(37万7900平方キロ)のわずか0・6%(2275平方キロ)にすぎない県域に、全国の米軍専用施設面積の74%が集中する現状(107ページ参照)は、「差別」としか表現のしようがない。

県民は戦後65年にわたり、米軍基地から派生する事件・事故に脅かされ、騒音被害に苦しめられてきた。拙速な判断は積年の不満を爆発させせかねない。米軍にとっても敵意に囲まれた地域に基地を置くのは得策ではなかろう。

首相は5月末までに移設案を決めると明言してきたが、民意に沿わない決定なら問題の解決にならない。腰を据えて政府内の合意形成を図り、「国外・県外」案を米国に提示し交渉に臨むべきだ。今回の首相訪問が、政府内で検討されている「県内移設」を抜本的に見直す契機になることを切望する。

（1968年2月2日第3種郵便物認可）

ニュースや情報提供 098(865)5158
広告のお申し込み (0120)415059
購読・配達の問い合わせ (0120)395069
本社事業案内 098(865)5256
読者相談室 098(865)5656

琉球新報
THE RYUKYU SHIMPO
第36601号

（日刊）
2010年（平成22年）
11月29日月曜日
[旧10月24日・先負]
発行所 琉球新報社
〒900－8525那覇市天久905番地
電話 098(865)5111

仲井真氏が再選

県知事選

伊波氏に3万8626票差

経済手腕に幅広い支持

2期目の当選を決め万歳する仲井真弘多氏（中央）と翁長雄志選対本部長ら＝28日午後10時20分ごろ、那覇市牧志の選挙事務所

任期満了に伴う第11回県知事選は28日、投票が行われ、即日開票の結果、無所属現職の仲井真弘多氏(71)＝自民党県連、公明、みんなの党推薦＝が33万5708票を獲得し、無所属新人の前宜野湾市長・伊波洋一氏(58)＝社民、共産、社大、国民新、新党日本推薦、そうぞう支持＝を3万8626票差で破り、再選を果たした。幸福実現党新人の金城竜郎氏(46)は1万3116票だった。2期目の信任を得た仲井真氏は、2012年3月末の沖縄振興計画終了を目前にし、「沖縄21世紀ビジョン」に基づく新たな計画の策定に向けた政府交渉を本格化させる。

2、3、4、5、26、27面に関連

仲井真氏は、米軍普天間飛行場返還・移設問題への対応では「日米合意は見直して、県外を求める」と従来の県内移設容認からの政策転換を打ち出しており、辺野古移設の方針を堅持する民主党政権との交渉・協議が焦点となる。

仲井真氏は12月2日にも上京し、当選報告のために首相官邸と内閣府を訪れることで調整している。

11日に告示された選挙戦は、仲井真氏と伊波氏による事実上の一騎打ちとなり、仲井真氏が1998年以来続く「保守・中道」路線を死守するか、伊波氏が革新勢力による12年ぶりの県政奪還を果たすかが注目された。

仲井真氏が現職の知名度を生かして先行したのに対し、伊波氏も地元の本島中部を中心に支持を広げて追い上げた。仲井真氏は経済振興の手腕が幅広い支持を得た。自民、公明の支持層からの支持を手堅くまとめ、民主党政権批判に伴う自民支持の回復傾向も追い風となった。

普天間飛行場の辺野古移設に対する県民の反発が強い中で、仲井真氏は今知事選で「辺野古移設は事実上不可能」と県外移設要求にかじを切るなど、基地問題で伊波氏との主張の違いを薄めた戦略が奏功した。

一方、普天間問題をめぐる争点が見えにくくなったことや、政権与党の民主党が参院選に続いて自主投票としたことなどで、選挙戦は盛り上がりに欠けた。

県知事選開票結果（選管最終）

当	仲井真《なかいま》 弘多《ひろかず》	無所属・現	335,708票	自民党県連、公明、みんなの党推薦
	伊波《いは》 洋一《よういち》	無所属・新	297,082票	社民、共産、社大、国民新など推薦、そうぞう支持
	金城《きんじょう》 竜郎《たつろう》	幸福実現党・新	13,116票	
	無効票		4,443票	

普天間移設

県内「事実上ない」

仲井真氏、政府協議に意欲

知事選で当選した仲井真弘多氏は28日夜、記者団の質問に答えた。普天間飛行場の返還・移設問題について「米軍は何も沖縄のためにいるわけではない。日本全体のためであり、日本全国で普天間移設について解決を見いだしてもらいたい」と述べ、県外移設を求めていく考えをあらためて強調した。

県内移設については「事実上ない」と述べた。普天間移設に関する政府との協議について「いろいろな相談をして意見交換しながらでないと（解決策は）出てこない」と述べ、協議は続ける考えを示した。

また「安全保障の議論が高まっており、沖縄だけでなく日本全体で解決をしようと呼び掛けるいいチャンスだ」と述べた。

勝因について仲井真氏は「1期目の仕事ぶりをまず理解していただけた。また（今後）4年の公約をよく理解してもらえた」と振り返った。

2期目の抱負について「基地に絡むものから、ある程度解放されて、自分たちの特色を生かした県をつくりたい。沖縄テイストの既存の産業がどんどん引っ張っていくダイナミズムが出てくれば問題ないと思っている」と述べ、沖縄の特色を生かした産業振興に強い意欲を示した。

投票率60・88％

過去2番目の低さ

県知事選挙の投票率は60・88％と、4年前の前回選挙に比べ3・66ポイント低下し、過去最低となった2002年の57・22％に次いで過去2番目の低さとなった。米軍普天間飛行場の返還・移設問題を争点に有権者の審
判に注目が集ま
下傾向に歯止め
とはできなかっ
投票者数は
人。投票率は男
％、女性が61
た。
市町村別で投
高かったのは北
・56％。次いで与
39％、座間味村
に低かったのは
・58％、石垣市55
市57・07％だっ

6カ国緊急会合を提案

朝鮮半島情勢

中国、緊張緩和狙う

【北京、ソウル共同＝花田仁美、角田卓士】中国の武大偉朝鮮半島問題特別代表は28日、中国外務省で緊急記者会見を開き「12月上旬に北京で6カ国協議の首席代表による緊急会合を行うことを提案する」と述べ、北朝鮮による韓国・延坪島砲撃などに伴う朝鮮半島情勢の緊張を緩和するための会合開催を呼び掛けた。（4、7面に関連）

一方、米韓両国は28日、朝鮮半島西方の黄海で合同軍事演習を4日間の日程で開始。6カ国協議の提案は、議長国であり北朝鮮の友好国でもある中国が演習初日に緊張緩和を狙い、外交攻勢に出た形。これまで6カ国協議に慎重な姿勢を示してきた日米韓など関係各国との間で駆け引きが激化しそうだ。

韓国大統領府高官は28日、李明博《イミョンバク》大統領が中国の戴秉国国務委員と会談、6カ国協議再開を論議する時期ではないとの立場を明確に述べたと明らかにした。韓国が難色を示したことで、会合開催には曲折も予想される。武特別代表は27日に戴氏に同行して急きょ訪韓、28日に帰国した。

宜野湾市長選

安里氏が初当選

安次富氏に1856票差

前市政を継承

【宜野湾】伊波洋一前宜野湾市長の知事選出馬に伴う宜野湾市長選挙が28日、投開票され、新人で前副市長の安里猛氏(58)＝無所属、社民、共産、社大推薦＝が2万3598票を獲得し、元自民党衆院議員の安次富修氏(54)＝無所属、自民、公明推薦＝に1856票の差をつけて初当選を果たした。

（5、27面に関連）

安里氏は「米軍再編の流れで海兵隊の多くがグアムに行く。こうした事実に従うよう日米両政府に働き掛けていきたい」と述べ、普天間飛行場の県内移設に反対し、グアム移転による危険性除去と早期閉鎖・返還を求める考えを示した。

安里氏は「伊波市政の継承」を前面に打ち出し、同日選挙となった知事選とのセット戦術を展開した。伊波市政で6年間、助役、副市長として携わった経験と実績を強調し選挙戦をリードした。

課題の知名度は小まめな地域懇談会の開催やチラシの全戸配布などで挽回《ばんかい》し、支持を広げた。

当日有権者数は6万8827人。総投票数は4万6204人。投票率は67・13％で前回市長選を6・74ポイント上回った。同市は市長が不在のため、安里氏は28日から市長としての任期が始まった。

▽宜野湾市長選挙開票結果

当	23598	安里猛	無新
	21742	安次富修	無新
	864	無効票	

（選管最終）

安里猛氏（あさと・たけし） 1952年、普天間出身。普天間高卒。72年に市教育委員会に採用後、企画部次長などを経て2004年に助役就任。08年に副市長に就任した。

宜野湾市長選挙に初当選し万歳三唱をする安里猛氏（中央）＝28日午後10時33分ごろ、同市野嵩の選挙事務所

ニュースや情報提供は
編集局 ☎098(865)5158
FAX 098(865)5222
shakai@ryukyushimpo.co.jp

天気は3面に移しました

おことわり
県知事選の開票報道のため、29日付の新聞は配達の遅れが予想されます。ご了承ください。
琉球新報社

金口木舌

2010年11月29日

決…
ら、
とし
沸か
博ご
選手
口野球での勝
す方も多いか
▼県知事選で
が下った。今
題や経済振興
ったが、こち
は「基地か経
た従来型の対
えつつあるよ
▼普天間飛行
職と新人の有
ともに「県外
たことも一因
90年代後半
対決」に翻弄《ほんろう》
県民の意識に
られる▼普天
政権交代後（
て、県内移設
はもはや困難
圧倒的多数の
た。一方、基
としての振興
は上がってい
年、期待した
ンコーサク」
が何かうさん
半面、国際化
産業の足腰を
か、基地なき
えて生活者目
活性化をどう
ど、県民が求
論は多い▼本
で20代の若者
た「よく基地
いう二元論に
方大事だ」と
声が印象的だ
が基地か経済
一を迫られ
く、誰もが基
と経済活性化
って投票した
か。仲井真弘
ぜひ肝に銘じ

2011年11月29日——

仲井真知事、「県外移設」へと転換して再選

社説

「県外移設」公約の実現を 問われる対政府交渉力

天王山となった11月28日の沖縄県知事選挙は、現職の仲井真弘多氏が再選された。最大の争点「米軍普天間返還・移設問題」では、再選された仲井真氏も今回は「県外移設」を公約に掲げ、県民の再選支持を受けた。

仲井真氏には「普天間基地を事実上閉鎖状態に」との4年前の公約も含め、今後はぶれることなく、しっかりと「県外移設」を政府に求め、公約を実現してほしい。

✤訴求力と魅力不足

今回の知事選は最後までもつれ、投票率は低迷した。知事選のもつれは有権者の「不安と戸惑い」を、低投票率は県民に横たわる根深い政治不信と無力感、そして知事候補者ら

の訴求力と魅力不足を浮き彫りにした。

普天間問題で対立候補の前宜野湾《ぎのわん》市長・伊波《いは》洋一氏、仲井真氏ともに「県外」「国外」移設と一見同じにみえた。

だが、伊波氏が国外移設とともに「県内移設反対」を明確にしたのに対し、仲井真氏は「条件付き県内容認」から知事選直前に「県外移設」に転じるも、最後まで「県内反対」明言を回避した。

このため政府との交渉カードに「辺野古案」を残すかのような印象を与え、県外移設を求める有権者の支持決定に不安とためらい、戸惑いを与え、混迷を招いた。

投票分析では、「県外移設」に軸足を置くも経済振興に重きを置く県民は仲井真氏に、「県内移設反対」に重きを置く県民は伊波氏に票を投じている。

そもそも普天間問題は、2009年8月の総選挙で「最低でも県外移設」を公約した民主党が政権を掌握し、県内では県内移設を進めてきた自公議員が衆院で全滅する、「戦後沖縄政治のパラダイムシフト」まで起きた。

その上、2010年1月の名護市長選では、県内移設反対を掲げる新人・稲嶺進氏を民主党が推し、県内・辺野古移設を認める現職を破った段階で終止符を打ったはずだった。

ところが民主党の罪の深さは、反対派市長を推しながら、「最低でも県外」との公約を簡単にほごにし、民意を裏切る「県内移設」に回帰し、事もあろうか辺野古移設の日米合意までしたことだ。

無責任な民主党政権が残した「政権交代の残滓《ざんし》」が、沖縄に累々《るいるい》と積み上がり、県民に根深い政治不信と閉塞感をもたらした。

今回の県知事選挙は、全国からも注目された。日米安保の根幹を揺るがす「普天間問題」が争点になったからだ。

一方で、今知事選の特徴は、政権政党の民主党が独自候補はおろか推薦候補すら出せず、参院選に次いで沖縄での二度目の「不戦敗」を選択したことだ。加えて、最大野党の自民党も自公候補の仲井真氏の党本部推薦を見送り、「県連」推薦として責任を回避した点にある。

✤政権の無責任ぶり露呈

前・現両政権党が「沖縄」から逃げる。そんな日本の政治、政権政党の無責任ぶりも露呈した。沖縄問題から逃げる与野党両最大政党に、日米安保の要を担う米軍基地問題の解決やその先の日米関係の再構築など望むべくもない。

仲井真知事、「県外移設」へと転換して再選

その厳しい現実の中で迎えた県知事選である。「民主党政権が変わらない限り、知事の力では政治は変えられない」。そんな言葉を選挙戦の中で幾度も耳にした。民主党が残した深い裏切りの傷、その後遺症となる政治不信と閉塞感が県民を包み、低投票率を生んでいる。

一方で、知事選を通して今の日本が抱える厳しくつらい現実も浮き彫りになった。乳幼児の保育所不足は改善されず、若者は職に就けず、高齢者は年金を奪われる。弱き者はくじかれ、強き者がのさばる。そんな日本の政治の貧困ぶりが、その縮図となる沖縄からはよく見える。

「基地よりまず景気回復を」との切実な声が、経済界の支援を受ける仲井真氏の追い風となった。

再選された仲井真氏の二つの大きな課題は、普天間問題と国内最悪の高失業・低所得問題の解決だ。いずれも、4年前の知事選で公約にしながら積み残してきた懸案である。

今後は解決に向け、政府との交渉に挑まねばならない。仲井真氏にはぶれ続ける民主党政権を見習うことなく、県民世論を追い風に、掲げた県外移設と経済自立の公約を、確実に実現してもらいたい。

琉球新報
THE RYUKYU SHIMPO
第36958号
（日刊）
2011年（平成23年）
11月29日火曜日
［旧11月5日・先負］
発行所 琉球新報社
〒900－8525那覇市天久905番地
電話 098（865）5111
©琉球新報社2011年
ニュースや情報提供 098（865）5158
広告のお申し込み （0120）415059
購読・配達の問い合わせ （0120）395069
本社事業案内 098（865）5256
読者相談室 098（865）5656

「犯す前に言うか」

田中防衛局長

辺野古評価書 提出めぐり

沖縄防衛局の田中聡局長は28日夜、報道陣との非公式の懇談会の席で、米軍普天間飛行場代替施設建設の環境影響評価（アセスメント）の「評価書」の年内提出について、一川保夫防衛相が「年内に提出できる準備をしている」との表現にとどめ、年内提出実施の明言を避けていることはなぜか、と問われたことに対し「これから犯しますよと言いますか」と述べ、年内提出の方針はあるものの、沖縄側の感情に配慮しているとの考えを示した。県などが普天間飛行場の「県外移設」を強く求め、県議会で評価書提出断念を求める決議が全会一致で可決された中、県民、女性をさげすみ、人権感覚を欠いた防衛局長の問題発言に反発の声が上がりそうだ。

懇談会で、反発必至

田中聡局長

田中局長は那覇市の居酒屋で、防衛局が呼び掛けた報道陣との懇談会を開いた。報道陣は県内外の約10社が参加した。

評価書の提出時期について、一川氏の発言が明確でないことについて質問が出たとき、「これから犯す前に犯しますよと言いますか」と発言した。

懇談会終了後、沖縄防衛局は、琉球新報の取材に対し「発言の有無は否定せざるを得ない」と述べた。

沖縄の米軍基地問題に関連し、女性をさげすむ発言は過去にも問題となった。

1995年9月に起きた少女乱暴事件後の同年11月、リチャード・マッキー米太平洋軍司令官（海軍大将）が同事件をめぐり、「全くばかげている。何度も言っているように、私が彼らは車を借りる金で女が買えた」と発言し、更迭された。

田中局長は1961年生まれ。大阪大学法学部卒。84年旧防衛施設庁入庁。那覇防衛施設局施設部施設企画課長、大臣官房広報課長、地方協力局企画課長などを経て8月15日に、沖縄防衛局長に就いた。

田中局長は非公式の懇談の席で発言したが、琉球新報社は発言内容を報じる公共性、公益性があると判断した。

中国、境界協議を提案

尖閣視野、03年以来

野田首相 来月訪中

【北京共同＝伊藤豪】野田佳彦首相の12月中旬の中国訪問に向け、中国政府が、2003年末を最後に中断している国連海洋法条約に基づく東シナ海の日中境界画定に関する協議の再開を提案していることが28日、分かった。複数の日中関係筋が明らかにした。（6面に解説）

日中境界画定協議では、日本側の基点となる尖閣諸島の領有権をめぐる両国の対立再燃が不可避。日本政府は尖閣諸島に「領土問題は存在しない」との立場を取っており、中国側は協議を通じて領土問題を浮き彫りにし、日本側に問題を認めさせる狙いがあるとみられる。ただ、日本も海洋法に基づく問題解決の原則に異論はなく、協議を再開することが直ちに領土問題の存在を認めることにはならないため中国の提案を基本的に受け入れる方向。

関係筋によると、野田氏の訪中で合意する予定の海上の危機管理体制構築に向けた新会議「対話プラットホーム」（仮称）の下に小委員会のような枠組みを設け、海洋法の解釈などを議論することで調整している。

境界画定では、日本が日中の沿岸から等距離にある中間線を主張。尖閣諸島は中間線南方の測定基点。一方、中国は中間線より日本側にある沖縄トラフまで自国の大陸棚が延びているとして海洋権益を主張。「交渉の長期化は確実」（北京の外交筋）とされる。

日中両国は1997年署名の漁業協定や08年合意の東シナ海ガス田共同開発では、境界画定問題を棚上げした。

海洋法条約に関する日中協議は、沿岸から200カイリまでを排他的経済水域（EEZ）とする同条約を両国が批准したことを受けて96年に開始。03年8月に中国が「白樺」（中国名・春暁）のガス田開発に着手したため、8回目の03年12月を最後に合意がないまま協議が中断していた。

教科書採択について意見交換する大城浩県教育長（左）と（右側手前から）崎原用能与那国町教育長、慶田盛安三竹富町教育長、玉津博克石垣市教育長＝28日、県教育庁

県との協議 物別れ

3教育長、一本化困難

八重山教科書

八重山地区の中学生が来年度から使用する公民教科書が一本化できない状態が続いている問題で、大城浩県教育長と玉津博克石垣市教育長、慶田盛安三竹富町教育長、崎原用能与那国町教育長が28日、県教育庁で意見交換した。大城教育長は3教育長に対し、再協議を含め同一の教科書採択のための方策を講じるよう求めたが、玉津教育長と崎原教育長は受け入れず、話し合いは物別れに終わった。両氏は今後意見交換に応じることはないと明言しており、一本化は極めて困難な情勢だ。（30、31面に関連）

文部科学省は県教委に対し、11月末までに使用教科書の冊数を報告するよう求めている。

大城教育長は「正式に文書による通知はなく法的根拠はない。まだまだ時間的猶予はある」と述べ、11月末の期限にこだわらず、引き続き一本化に向けての努力を求めていく認識を示した。

意見交換では、大城教育長が再協議などの方策を促したが、育鵬社を採択した石垣市の玉津教育長と与那国町の崎原教育長は「文科省の指導通り、県が竹富町に育鵬社を採択するよう指導してほしい」と従来通りの主張を繰り返し、平行線をたどった。

一方、再協議を提案する意向を示していた竹富町の慶田盛教育長は「（石垣、与那国の2教育長から）竹富町が答申通り育鵬社を採択しないのが問題だと言われた。今のような雰囲気では、石垣、与那国は応じない」と語った。

動画

改憲論議 見通せず

参院審査会が初審議

参院憲法審査会は28日、初の審議を実施し、民主、自民、公明など8党の委員が憲法改正について意見表明した。17日の衆院憲法審査会に続き参院でも論議がスタート。ただ民主党が慎重な議論を求める一方、自民党が改憲に積極的な姿勢をみせるなど衆院同様に各党の隔たりが目立ち、議論が進むかは見通せない。

審査会で民主党の江田五月前法相は「憲法は不磨の大典ではなく時代の変化によって成熟すべきものだ。改正は緊急課題ではないが非現実的な目標でもない」と言及した。

自民党の川口順子元外相は「東日本大震災復興や多くの問題を抱える今だからこそ、国のかたちをどうするかの国民的な議論が必要だ」と述べ、議論を先送りすべきではないと主張した。

きょうの紙面

りゅうちゃんクイズ 301 政治編
1972年の本土への復帰の前、沖縄の議会として置かれていた立法院の議員数は何人だったかな？
①32人 ②48人 ③64人
★こたえはどこかのページにあるよ。さがしてね★

天気

旧11月5日・先負

	6時	12	18	風向 風速	波高
北部 25/22	30	30	30	北東 11	3→2.5
中南部 25/23	30	30	30	北東 11	3→2.5
久米島 25/22	30	30	30	北東 10	3→2
大東島 26/20	30	30	20	南東→東 13	3→2
宮古島 26/22	40	20	30	北東 10	3→2
石垣島 27/22	40	20	20	北東 8	2.5→2
与那国島 25/22	30	40	30	北東→北 8	2

◇海上風警報＝沖縄東方海上、沖縄南方海上◇雷・波浪注意報＝大東島地方◇波浪注意報＝本島地方、宮古島地方、石垣島地方【概況】前線の影響を受ける。晴れ間があるが雨が降りやすい。本島地方、大東島地方、宮古島地方では風がやや強く波が高い。（日本気象協会28日18時発表）

28日21時

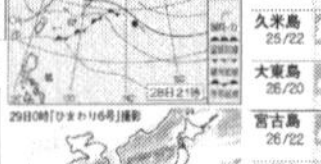
29日0時「ひまわり6号」撮影

各地の情報は27面に

週間天気（那覇） 1/木 2/金 3/土 4/日 5/月
予想最高気温は赤 最低は青 のち 一時・時々 天気マーク下の数字は降水確率
あすの潮時・波高・風速、きょうの全国の天気、洗濯・紫外線情報は3面に

金口木舌

2011年11月29日

古今東西、時の権力者は庶民からいかに税金を搾り取るかに腐心するのだろうか。かつてブルガリアに奇妙な「独身税」があった▼少子化を防ごうと、未婚の成人に収入の5～10%を課したものだ。冷戦終結の1989年まで21年間続いたが、皮肉にも出生率は逆に下がってしまった。人権問題との反発も受け、短絡的発想はお粗末な愚策に終わった▼所変わって日本。少子化とも関わる調査結果が先週発表された。18～34歳の未婚者のうち、交際相手のいない人が男性6割、女性5割と、過去最多になった。その半数近くが「異性との交際を望まない」と答えた▼「おひとりさま」という言葉がすっかり定着して、今や自分だけの時間と空間を楽しめる、個の確立した人が増えている。多様な生き方が広がる時代だ▼自らの選択で一人の人生を歩む場合はまだしも、調査では気掛かりな数字もある。いずれ結婚する意思がある人は男女とも9割弱に達しているのに、その最大の障害が資金難だという。「結婚したくてもできない」未婚者の姿が映し出されている。特に非正規雇用の若い男性に結婚志向が弱かった▼経済的要因で望み通りの人生を選べないのはやるせない。そのための社会環境を整えるのが政治のはずだ。具体的な支援策を打ち出し「おひとりさま」も「おふたりさま」も希望を見いだせる世の中にしてほしい。

ニュースや情報提供 098(865)5158
広告のお申し込み (0120)415059
購読・配達の問い合わせ (0120)395069
本社事業案内 098(865)5256
読者相談室 098(865)5656

琉球新報
THE RYUKYU SHIMPO
第36959号
（日刊）
2011年（平成23年）
11月30日 水曜日
［旧11月6日・仏滅］
発行所 琉球新報社
〒900―8525那覇市天久905番地
電話 098(865)5111
©琉球新報社2011年

沖縄防衛局長を更迭

「辺野古」評価書 不適切

防衛相「心からおわび」 年内提出方針変えず

【東京】一川保夫防衛相は29日、米軍普天間飛行場返還・移設問題をめぐり、女性や沖縄県民を侮辱する不適切な発言をした田中聡沖縄防衛局長を更迭したと発表した。一川防衛相は「弁解の余地はない」と陳謝したが、辺野古移設に向けた環境影響評価書を年内に提出する政府方針に変わりはないとの考えを示した。藤村修官房長官とも会談し、従来方針の堅持を確認したと明かした。田中発言に対し、仲井真弘多知事が「県民の尊厳を傷つける」と語るなど、党派を超えた県民の反発が強まっている。田中局長の更迭は政府の普天間対応に影響を与えるのは必至で、野田政権に大きな打撃となった。

（2、3、7、28、29面に関連）

田中局長は28日に那覇市内の居酒屋での報道機関との非公式の懇談で、環境影響評価書の提出時期を一川防衛相が明言しないことに関し「犯す前にこれから犯しますよと言いますか」と、女性暴行に例えたと受け取れる発言をした。田中氏は懇談会の席で、ほかに1995年に県内で起きた少女乱暴事件後に米太平洋軍司令官が同事件について述べた「彼らは車を借りる金で女が買えた」との発言を挙げ、同調する認識も示した。

政府は日米首脳会談などで米政府に対して評価書の年内提出方針を示してきた経緯もあり、問題を長引かせることで普天間問題で県民感情がさらに悪化しかねないと判断して即日の更迭を決定した。

一川氏は29日夜の記者会見で「報道の内容に近いやりとりがあったと本人が認めている」と述べた。

防衛省に入る田中聡沖縄防衛局長＝29日午後2時31分、東京都（毎日新聞社提供）

田中聡氏（たなか・さとし）1961年生まれ。大阪大学法学部卒。84年旧防衛施設庁に入庁し、96年に那覇防衛施設局（現沖縄防衛局）施設企画課長に着任。当時から米軍普天間飛行場の移設問題や名護市辺野古への新基地建設に関わっていた。2009年大臣官房広報課長、地方協力局地方協力企画課長などを経て11年8月から現職に就いていた。

記者会見する一川防衛相＝29日夜、防衛省

「口が汚れる」 仲井真知事

田中氏の発言に強い不快感を示す仲井真弘多知事＝29日夕、県庁

仲井真弘多知事は、田中聡沖縄防衛局長の問題発言について29日、帰任した際の那覇空港で「コメントする気も起きない。口が汚れる」と強い不快感を示した。さらに県庁で記者団に「沖縄の人間の尊厳を傷つけるというか、極めて遺憾としか言いようがない」と述べ、人権感覚を欠いた発言を批判した。

田中局長の更迭発表後も政府が年内に評価書を提出する方針を崩さないことには「出先の局長があいう表現で沖縄の人を傷つけて、仕事をどうするっていうのは、すとんと胸に落ちない」と疑問を呈した。

八重山教科書

東京書籍冊数報告を 県教委、3教委に通知

八重山地区の中学生が来年度から使用する公民教科書が一本化できない状態が続いている問題で、県教育委員会は29日、石垣市、竹富町、与那国町の各教委に対し、東京書籍版を採択した9月8日の全員協議に基づき教科書の必要冊数を報告するよう求める文書を送付した。

一方、中川正春文部科学相は29日、照屋寛徳衆院議員ら県選出・出身の国会議員との面談で「11月末で即、何かアクションを起こすわけではない。（調整を）続けてもらって結構だ」と述べ、文科省が必要冊数報告の期限とした11月末以降の継続協議も容認する意向を示した。

（29面に関連）

県教委はこれまでも9月8日の協議の有効性を主張していたが、同協議に基づき、東京書籍版の無償給付に向け踏み込んだ姿勢を見せた。育鵬社版を採択した八重山採択地区協議会の結果に従うよう求める文科省との相違が一層鮮明となった。

県教育庁義務教育課は「弁護士に相談するなどし、県教委としては9月8日は有効だとあらためて確認した」と述べた。文科省が必要冊数の期限とした30日には「現状を報告するかもしれない」とした。

一方、県選出・出身国会議員は中川文科相に対し①11月末の期限を絶対視しない②県教委の指導・助言へのサポート③3教委の教科書無償化―を求める要請書を提出。中川文科相は11月を過ぎても「ルールに従って努力を重ねてほしい」と語った。要請書は照屋氏、玉城デニー氏、瑞慶覧長敏氏、赤嶺政賢氏、糸数慶子氏、山内徳信氏の連名。

りゅうちゃんクイズ 302 政治編

復帰前の議会の立法院議員には仕事の重要性からある特権が認められていたよ。それはなに？

①逮捕されない
②アメリカへの飛行機代がタダ
③秘書を何人も置ける

★こたえはどこかのページにあるよ。さがしてね★

きょうの暦（那覇）
月齢4.9（中潮）

日出	06:58
日入	17:37
月出	11:10
月入	22:40
満潮	11:05 / 22:17
干潮	04:21 / 16:41

各地の情報は25面に

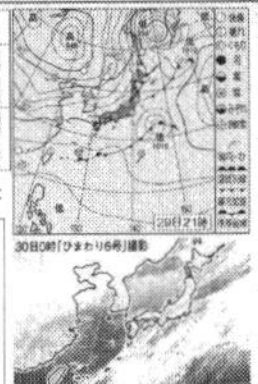

29日21時
30日0時「ひまわり6号」撮影

天気 旧11月6日・仏滅

地域 最高/最低	6時–12 降水確率	12–18 降水確率	18–24 降水確率	風向	風速	波高
北部 26/22	30	40	50	東	8	2→1.5
中南部 26/22	30	40	50	東	8	2→1.5
久米島 25/22	30	40	30	東	8	2→1.5
大東島 24/20	60	60	50	東→南東	8	2→1.5
宮古島 26/22	30	20	20	北東	8	2
石垣島 26/24	40	30	30	北東	8	2→1.5
与那国島 25/22	30	50	50	北	8	2

◇波浪注意報＝本島北部、本島中南部【概況】前線の影響で、大東島地方は雨の一日となる。本島地方や八重山地方は、晴れ間もあるが雨の降る所がある。宮古島地方は日中はだいたい晴れる。東よりの風が吹く所が多く、海上の波は各地ともやや高い。（日本気象協会29日18時発表）

週間天気（那覇） 2/金 3/土 4/日 5/月 6/火

予想最高気温は赤 最低は黒　のち　一時・時々　天気マーク下の数字は降水確率

あすの風向・波高・風速、きょうの全国の天気、波浪・紫外線情報は3面に

2011年11月30日

金口木舌

「あの日、夫は何も言わずに出て行った。それが許せない」。1990年、県内で発生した暴力団抗争で対立組織に銃口を向けて服役した組員の妻がつぶやいた▼組からの生活支援の申し出を拒絶し、幼き子を養うために飲食店で働き続けていた。事件は一般市民だけでなく、加害者の家族をも苦しめていたことを知り、やるせなさを覚えた▼あれから21年。分裂していた二つの集団が一つになる儀式が今月27日未明、北谷町で開かれた。小学校の向かいだというのに、羽織はかまに身を包んだ男たちが現れ、警察官が金属探知器を当てていた▼異様な空気が立ち込めていた当時の沖縄に戻ったかのような錯覚に陥った。「本来は任侠《にんきょう》の集団だ。しかし質が悪くなってしまった」。幹部が17年前、取材に吐露した。任侠とは弱きを助け強きをくじく男らしい気性に富むことを指す▼構成員が逮捕された事件を見ると覚せい剤、強盗、わいせつ、詐欺など人々を困らせることばかり。任侠の対極で生きているとしか思えない。県内市町村が今、暴力団への利益供与を禁止する暴力団排除条例の制定を進め、暴力団根絶を目指すのは当然だろう▼幸せに暮らしているだろうか。儀式の開催でふと、あの時の組員の妻を思い浮かべた。現在、総長の他3人しか配下がいない一家もあると聞く。統合より解散がふさわしかったのではないか。

2011年11月30日――

社説

田中沖縄防衛局長、「犯す前に…」発言

沖縄は陵辱の対象か　露呈した政府の差別意識

米軍普天間飛行場代替施設建設の環境影響評価（アセスメント）「評価書」の年内提出を明言しない一川《いちかわ》保夫防衛相の姿勢をめぐり、田中聡沖縄防衛局長が「（犯す前に）これから犯しますよと言いますか」などと発言した。

全国の米軍専用施設（面積）の4分の3、在日米兵の約7割が集中する沖縄では、軍人が女性を乱暴する事件が過去に何度も起きている。そのような悲しい事実を知りながら、評価書の提出を性的暴力に例えるのは常軌を逸した言動だ。

県民をさげすみ、陵辱《りょうじょく》される対象と捉える意識が透けて見える。人権感覚を欠いた人物は局長の任に値しない。更迭《こうてつ》は当然だ。

✤官僚の体質表れた

発言があったのは11月28日夜、報道陣との非公式の懇談会の席だった。防衛相が「(評価書を)年内に提出できる準備をしている」との表現にとどめ、確言を避けているのはなぜかと問われ、飛び出した。いくら非公式の席でも、言っていいことと悪いことがある。

県内では1995年に駐留米兵による少女暴行事件が発生した。県民の積年の怒りが爆発し、主催者発表で8万5千人が結集する超党派の10・21県民大会が開催されている。大会で決議した、①米軍人・軍属による犯罪の根絶、②被害者への謝罪と完全な補償、③日米地位協定の見直し、④基地の整理縮小の四項目の要求が、普天間飛行場返還の日米合意につながったのは周知の通りだ。

田中氏は以前にも那覇防衛施設局(現在の沖縄防衛局)に勤務した経験がある。兵士を加害者とする性的被害の実態も熟知しているはずだ。全て分かった上で不適切な発言が口をついて出た。沖縄蔑視の表れと見ていい。これはひとり田中氏だけの問題なのか。基地政策に携わる官僚の意識の中には、多かれ少なかれ「沖縄は永久に被害者であり続ける」という差別感覚が潜んでいる。だから、大多数の県民が普天間飛行場の県外・国外移設を求めても、沖縄に基地を押し付けるという結論しか導き出さない。

懇談会の後、沖縄防衛局は琉球新報の取材に対し「発言の有無は否定せざるを得ない」と誠意のないコメントで切り抜けようとした。都合の悪い面に口をつぐむのは政府の常とう手段だ。

藤村修官房長官は11月29日の記者会見で、「事実なら看過できない」と早々と処分する考えを示した。一川防衛相は同日の参院外交防衛委で、「沖縄の皆さんに大変な思いをさせ、心からおわびしたい」と陳謝している。その前に本人から謝罪の言葉を聞きたかった。

沖縄防衛局は、米軍再編を含め防衛省の施策を地元に丁寧に説明することを主要業務の一つに掲げている。実態は「丁寧な説明」など、お題目にすぎない。

✤基地押し付ける機関

防衛省は2011年、米軍の沖縄駐留の必要性を説く冊子「在日米軍・海兵隊の意義及び役割」を作製した。

沖縄を「朝鮮半島や台湾海峡といった潜在的な紛争地域に迅速に到達可能」と位置付ける一方で、「部隊防護上、近すぎないことが重要」と小さめの活字で補足するなど、こじつけとしか受け取れない文言を羅列している。

沖縄県は、「近い（近すぎない）とは具体的な距離として何キロ程度、移動時間として何時間程度を意図しているのか」「位置関係において、米軍が国内の他の都道府県に駐留した場合、迅速に事態に対応できなくなるのか」などとただす質問書を6月1日に防衛省に提出した。半年たった今も回答はない。

本来、真っ先に疑問に答える努力をすべきなのは沖縄防衛局だが、本省と県の間で知らん顔を決め込んでいる。事実上、過重な基地負担を維持するために置かれているのが防衛局だ。

沖縄県の面積は国土の0・6％にすぎない。残る99・4％の都道府県、もしくは国外に移せる場所がないと言い張るのは、最初から沖縄以外に移す意思がないからだ。

防衛省や外務省の中では、基地が沖縄だけに集中する差別構造の解消に乗り出す動きは全く見られない。

田中氏は、名護市辺野古への代替施設建設を「犯す」と表現することで、県内移設が正義にもとる行為だと自ら白状した。防衛局長の暴言で問われているのは正邪を顧みない政府の姿勢だ。

ドキュメント

8時すぎ　大会会場に参加者らが集まり始める。

9時　会場周辺で混雑が始まる。

9時5分　大会共同代表の翁長雄志那覇市長が会場入り。前後して実行委員や首長らが続々と会場入り。

10時　オープニングイベント開始。

10時15分　渋滞がピークに。会場につながる県道153号で午前11時まで1㌔以上の渋滞。

10時30分　八重山大会開始。

10時30分すぎ　東京で県民大会に呼応する「国会包囲」行動の参加者が、国会正門前に集結。

11時　県民大会開始。宮古大会と「国会包囲」行動の集会も同時に開始。

11時すぎ　森本敏防衛相がテレビ番組収録後、報道陣に「県民が配備に対して心配や反対をしている。率直に受け止めたい」と述べる。

11時7分　共同代表らのあいさつ開始。喜納昌春県議会議長が「オスプレイはまさに構造的欠陥機と言わざるを得ない」と糾弾。

11時14分　翁長市長があいさつで「住民の頭上をオスプレイが飛行するなど、到底認められない」と発言。

11時37分　知事メッセージ代読。会場から抗議の怒号が上がる。

11時45分　東京で国会包囲行動が開始。

11時57分　大会決議が提案され、採択される。

12時5分　城間俊安県町村会長の音頭でガンバロー三唱実施。

12時9分　県民大会閉会

12時15分ごろ　国会の周囲を取り囲んだ参加者が手をつなぎ、「国会包囲」が成功する。

12時30分ごろ　大会会場から参加者を送迎するシャトルバスの前に、長蛇の列ができる。

13時20分　仲井真弘多知事、県総合防災訓練会場の名護漁港に到着。

14時　山口県岩国市で「9・9沖縄連帯　艦載機もオスプレイもいらない！岩国集会」が開催。

16時15分　仲井真知事が報道陣に「10万人を超えると思っていた。オスプレイ配備見直しをしっかり訴えたい」と強調。批判に対して

10万3千人結集

最大規模の県民大会

共同代表、成功喜ぶ

大会終了後、会場で会見した実行委員会の共同代表らは「県民の意思が見事に結集された」（喜納昌春県議会議長）と成功を喜び、今後も先頭に立って配備阻止の運動をけん引する決意を表明。配備が強行されれば「基地全面閉鎖に県民が向かっていく」（翁長雄志県市長会長）と日米両政府をけん制した。

照屋義実県商工会連合会長は「沖縄県民に流れる、不条理を許さないDNAがしっかり示された」と評価。翁長氏は「県民のマグマは相当力強い。大変大きな勇気を与えてくれた」と参加者に敬意を表し、平良菊県婦人連合会長は「暑い中、幼い子どもを連れて参加した方に感謝している」と述べた。

今後も連携を深めて活動を継続する決意をそれぞれが語り、仲村信正連合沖縄会長は予定されている県外での訓練に触れ「沖縄の怒りの炎を全国各県に燎原《りょうげん》の火のごとく広げていかなければならない」と訴えた。

基地負担を沖縄に押し付けることで担保される安全保障についても批判が相次ぎ、喜納氏は「米軍の在り方や本当に日本に必要なのか論議が迫られる」と述べた。仲村氏と平良氏は県外メディアにオスプレイの危険性や大会の様子をしっかりと報じるよう求めた。

配備が強行された場合について翁長氏は「県民の命に関わり、言いたくはないが」と前置きした上で、事故が発生し「基地の全面閉鎖に県民がさらに大きな声とパワーを上げ向かっていく」との見通しを示した。

「青い空、県民のもの」

加治工 綾美さん（沖国大）あいさつ

「沖縄の青い空は私たち県民のものだ」と訴える沖縄国際大学生の加治工綾美さん＝9日、宜野湾海浜公園

沖縄国際大学のすぐ後ろには世界一危険な普天間飛行場が広がっている。2004年8月13日、大学にヘリコプターが墜落し、炎上した。当時中学1年生だったが、ニュースで見た事故の惨状はまるで別世界の出来事だった。

事故が起こった後も大学を取り巻く基地の現状はいまだ変わらない。授業を中断させる騒音を聞くと、「墜落するのでは」と不安を抱く。私たちは静かなキャンパスで勉強したい。

危険なMV22オスプレイが配備されようとしている。どうして配備するのか。どうして政府は断れないのか。墜落したら誰が責任を取るのか。政府は安全性を強調するばかりで、沖縄の人々の声は無視され続けている。配備は沖縄差別ではないか。

これからの沖縄について、若者が考えて行動することが重要だ。若者の基地に対する認識が薄くなっている現状を変え、一丸となって配備反対、米軍基地早期撤去の思いを県外、国外に発信しなければならない。

返還された土地を平和的に活用し、県民のために役立てるべきだ。みんなが力を合わせれば、危険な基地を平和の街に変えられる。私たちの未来は自らの手でつくっていかなければならない。幼い子どもたちが危険な思いをしながら生活する未来など考えたくもない。

沖縄の青い空は米国や日本政府のものではなく、県民のものだ。これ以上、このきれいな空に軍用機を飛ばすのを許さない。沖縄の未来を切り開くため、私は若者の立場から実現の日まで頑張ると決意する。

日米両政府は県民の思いを真摯《しんし》に受け止めてほしい。いかなる防衛政策であろうと、これ以上沖縄を犠牲にすることは許さない。沖縄の素晴らしい未来を築くため、みんなで頑張っていこう。

1万人、国会包囲

【東京】オスプレイの沖縄配備に反対する県民大会に呼応し、沖縄・一坪反戦地主会関東ブロックなど首都圏の市民団体は9日、国会議事堂の包囲行動を実施した。首都圏を中心に約1万人（主催者発表）が結集。警備や交通上の理由から首相官邸の前や交差点に立つことは警察に禁じられたが同日午後12時15分、国会の周囲に並んだ参加者が手をつなぎ、包囲は成功した。包囲行動前、国会正門前

つ。「65年間基地の集中に苦しみ続けてきた上に、危険なオスプレイ配備の強行で県民の怒りはピークに達している。沖縄だけの問題ではなく、日本の未来のために配備を阻止しよう」と訴えた。

東京沖縄県人会の島袋徹事務局長は「住宅地が密集する危険な普天間飛行場への、危険なオスプレイ配備は正気の沙汰ではない」と強調した。東京大学大学院の高橋哲哉教授は「（6日

動画 この記事は新報HPで動画がみられます。http://ryukyushimpo.jp

ニュースや情報提供 098(865)5158
広告のお申し込み (0120)415059
購読・配達の問い合わせ (0120)395069
本社事業案内 098(865)5256
読者相談室 098(865)5656

琉球新報
THE RYUKYU SHIMPO
第37237号

2012年（平成24
9月10日
[旧7月24日・赤

発行所 琉球新報
〒900－8525那覇市天久
電話 098(865)51

オスプレイ拒否

オスプレイ配備に反対し、「NO!」のプラカードを掲げる県民大会の参加者ら＝9日午後0時3分、宜野湾海浜公園（花城太撮影）

強固な意思発信
実行委 12日上京、来月訪米

墜落事故が相次ぐ米海兵隊の垂直離着陸輸送機MV22オスプレイの県内配備計画の撤回を求める「オスプレイ配備に反対する県民大会」（同実行委員会主催）が9日午前11時から宜野湾市の宜野湾海浜公園で約10万1千人（主催者発表）が参加して開かれた。八重山、宮古の地区大会を合わせ約10万3千人が結集。米軍基地問題で抗議の意思を示す県民大会として復帰後最大となり、配備を拒む強固な民意を示した。オスプレイ配備計画の撤回と米軍普天間飛行場の閉鎖・撤去を強く要求する決議を採択した。党派を超えた民意を背に、実行委員会は12日に上京し、野田佳彦首相や森本敏防衛相ら政府関係者や、各政党に配備撤回を求める。10月初旬には訪米要請行動を取る。

4面に決議全文、2、3、5、6、16、17、23、30、31面に関連

八重山と宮古の地区大会に参加した5市町村長を除く全36市町村長や代理が大会に参加。壇上には県議、県選出・出身国会議員や市町村議会議長らが並んだ。

大会では5人の共同代表があいさつ。県議会を代表して喜納昌春県議会議長は「オスプレイは、今年も墜落事故を起こしており、まさに構造的な欠陥機と言わざるを得ない」と批判。市町村長をまとめた翁長雄志県市長会会長は「頻発する事故を受けて、住民の頭上をオスプレイが飛行するのは到底認められない」と訴えた。

オスプレイが配備される予定の普天間飛行場を抱える宜野湾市の佐喜真淳市長は「市民のさらなる基地負担につながり、安全性の担保のないオスプレイを普天間に配備する計画を決して認めることはできない」と述べ、断固として配備に反対する決意を示した。

仲井真弘多知事のメッセージが紹介されたが、欠席した知事への怒号が飛び、一時騒然となった。

実行委の玉城義和事務局長は、オスプレイの運用で影響を受ける全国の自治体に大会決議の採択を要請することや、毎週末の普天間飛行場ゲート前での抗議集会、署名活動など今後の運動を提起。城間俊安県町村会会長のガンバロー三唱で締めくくった。

県民大会は実行委構成団体の31団体と、153団体が共催した。参加者は県内配備を推進する日米両政府に「レッドカード」を突き付けるため、シンボルカラーである「赤」の衣服や小物を身に着けて、会場を赤く染めた。

動画

迫力ある大太鼓と一体感で観客を引きつける沖縄市園田青年会＝9日午後8時30分ごろ、沖縄市コザ運動公園陸上競技場

全島エイサー最終日
夏の舞 観客魅了

【沖縄】第57回沖縄全島エイサーまつり（主催・同実行委員会＝沖縄市、琉球新報社、沖縄テレビ放送、市観光協会、市青年団協議会）は最終日の9日、県内15団体が競演した。県内各地で若者たちが守り続けてきた伝統の踊りを披露。四つ竹やかねなどを使った特色ある舞も観客を魅了し、晩夏の夜の会場を熱気で包んだ。（27～29面に関連）

会場のコザ運動公園には家族や友人を連れた県民、観光客が大勢詰め掛け、迫力ある演舞を楽しんだ。祭りには7日の道ジュネーを含め、3日間の日程で延べ31万人（主催者発表）が訪れた。大トリは沖縄市園田青年会が4年ぶりに務めた。勇ましく華やかな「横綱エイサー」が観客を楽しませた。締めの「唐船ドーイ」から続くカチャーシーは観客も一緒に踊り、最高に盛り上がった。

動画

天気は3面、テレビは20面に移しました

金口木舌は3面に移しました。りゅうちゃんクイズは休みました。

―2012年9月10日―

オスプレイ配備に反対する県民大会

社説

差別と犠牲の連鎖断とう　沖縄の正当性は自明だ

続々と会場に向かう人の波を見て、沖縄の人々の良識を思った。オスプレイ配備に反対する宜野湾市での県民大会に10万1千人（主催者発表）が参加した。一文の得にもならないけれど、貴重な時間を投じ、公のために動く人々がこれほど大勢いる。われわれはそれを誇りに思っていい。

それに引き替え、「配備は米政府の方針で、日本がどうしろこうしろという話ではない」（野田佳彦首相）という国家トップの発言の、何と軽いことか。住民の命を守る責任も、国の主権も放棄するこの政府にもはや当事者能力はない。

沖縄が主体的に解決したい。

✤生けにえのごとく

それにしても、「差別」や「犠牲」を強要されているという認識が、これほど繰り返された大会はかつてなかった。

大会で共同代表の平良菊《たいらきく》・県婦人連合会会長は「沖縄の心を、子どもを犠牲にして、日本の平和が成り立つのか」と問い掛けた。翁長雄志《おながたけし》那覇市長は「沖縄は戦前、戦中、戦後、十分すぎるほど国に尽くしてきた。もう勘弁してほしい」と述べた。

日本が米国の歓心を買うために、生けにえのごとく県民が差し出される構造は、もうたくさんだ。あいさつにはそんな思いがにじみ出ていた。今やこれは県民の共通認識と言っていい。

過去、沖縄への基地集中は「地理的優位性」などという論理で正当化されてきた。だが、軍事合理性に照らしても配備の集中はむしろ非合理的だというのは、軍事専門家も指摘することだ。

国土の0・6％の沖縄に米軍専用基地の74％があることの不条理は繰り返し指摘されてきたが、政府に、県外移設でそれを改善する意思はない。基地の集中は単に本土が嫌がった結果だというのは、もはや隠しようもない事実だ。

非民主主義的差別性は米国にも共通する。ハワイでは環境影響評価によって訓練計画を撤回した。ニューメキシコ州では住民の要求で訓練を延期した。だが沖縄では全く聞く耳を持たず、米国内なら厳格に守る設置基準も沖縄ならば無視する。まさに二重基準、差別にほかならない。

差別は「足して二で割る」手法では解決できない。「差別が半分だから許す」という人はいないからだ。

ひとたび差別的扱いを自覚すれば、それを解消するまで引き下がれない。その意味で県民の認識は分水嶺を越えているのだ。

こうした認識は必然的に、本来あるべき状態の模索に行き着く。犠牲を強要される身分を脱し、尊厳ある取り扱いを求める。県民大会はその表れにほかならない。

✤分断統治

大学生の加治工綾美さんが話す「この青い空はアメリカのものでも日本政府のものでもなく、県民のもの」という言葉は、胸を打った。われわれは誰かの犠牲になるために生まれてきたのではない。その思いは県民共通だろう。

近現代史に連綿と続く差別と犠牲の連鎖を断とう。大会の成功を、そのための出発点にしたい。

ここで大切なのは、県民が結束を維持することではないか。植民地統治の要諦《ようてい》は「分断統治（ｄｉｖｉｄｅ ａｎｄ ｒｕｌｅ）」という。植民地の住民が仲間割れしていれば、宗主《そうしゅ》国はさも善意の第三者であるかのように装って君臨できる。米国にも日本政府にも、そのような顔をさせないことが肝要だ。

大会決議はオスプレイ配備を「断じて容認できない」と強調した。つい3日前にも安全飛行できず緊急着陸したばかりの欠陥機を、住民がひしめく沖縄に配備する危険性は誰の目にも明らかだ。

日米両政府は撤回の意思をまだ示さないが、理は沖縄にある。二重基準がまかり通る今の日米の姿を、１００年後の世界ならどう見るか。決議は「沖縄はこれ以上の基地負担を断固拒否する」と述べたが、沖縄の要求には世界史的正当性がある。丹念に国際世論に訴え、揺るがぬ決意を示したい。

ニュースや情報提供 098（865）5158
広告のお申し込み （0120）415059
購読・配達の問い合わせ （0120）395069
本社事業案内 098（865）5256
読者相談室 098（865）5656

琉球新報
THE RYUKYU SHIMPO
第37259号

（日刊）
2012年（平成24年）
10月2日火曜日
［旧8月17日・赤口］

発行所 琉球新報社
〒900-8525那覇市天久905番地
電話 098（865）5111

オスプレイ配備強行

市街地上空で「転換」
普天間に6機
「安全策」骨抜き

米海兵隊は1日午前、垂直離着陸輸送機MV22オスプレイの米軍普天間飛行場への配備を始めた。一時駐機していた米軍岩国基地（山口県）を離陸した2機が同11時7分、同飛行場に初めて飛来し、11時47分までに計6機が着陸した。9月9日に約10万3千人が参加して「オスプレイの配備に反対する県民大会」が開かれ、普天間飛行場ゲート前で抗議行動が続くなど県民の強い反対意思が示されている。日米両政府が配備を強行したことで、島ぐるみの反発が一層強まりそうだ。

2、3、5、6、7、34、35、36面に関連、7面に県議会抗議決議全文

オスプレイ配備を問う

在沖米海兵隊は「到着後、オスプレイと搭乗員は通常訓練を開始する」とコメントし、早ければ2日にも飛行を始める考えを示した。

オスプレイは日米が合意した「安全策」で、回転翼を上向きにするヘリコプターモードによる飛行が事故につながりやすいとして基地上空に限定されているが、宜野湾市の市街地でヘリモードが確認された。できるだけ海上を飛ぶとしながら、国頭村役場上空の飛行が確認されるなど、安全策は早くも骨抜きとなった。

仲井真弘多知事は同日、佐喜真淳宜野湾市長とともに同市役所から視察。記者会見で「県民の不安を払拭《ふっしょく》させる状況までもってこないと、墜落の履歴もあり、なかなか沖縄県として分かりましたと言えない」と強調し「なるべく早くこういう飛行機が使える国内の別の空港に移さないと駄目だ」と普天間飛行場の県外移設要求に言及した。さらに、野田佳彦首相へ配備撤回を直訴するため面談を求める意向を示した。

同飛行場野嵩ゲートでは午前7時から県民大会実行委共同代表の翁長雄志那覇市長や県議、市民らが参加して抗議行動を展開した。午前11時10分ごろ、1機目の着陸が報告されると参加者から悲痛な声が上がり、後続機が飛来するたびに「オスプレイは帰れ」「沖縄を踏みにじるな」などとシュプレヒコールを繰り返して強行配備に反発した。オスプレイが宜野湾市の上大謝名公民館上空を通過した際、騒音は90・2デシベルを記録した。現行機種のCH46ヘリコプターとの比較では約10デシベル騒音が大きく、体感で2倍近いうるささに相当することが専門家の調査で明らかになっている。 動画

知事「極めて遺憾」

米海兵隊の垂直離着陸輸送機MV22オスプレイが米軍岩国基地から飛び立った直後の1日午前、仲井真弘多知事は記者団に対して「極めて残念で遺憾だ。安全も県民の負担も払拭《ふっしょく》しないまま飛ばす強行で、理解を超える話だ」と不快感をあらわにした。

仲井真知事は宜野湾市役所から普天間飛行場を視察し、同機の騒音の大きさを指摘。アジア太平洋地域の安全や安全保障と市民や県民の安全は別だとし、「別にオスプレイに向いた飛行場が国内にあると思う」と述べ、国内の別の基地へ移動させるべきだとの考えを示した。人口密集地をできるだけ避けて飛ぶことなど、同機に対する日米合意について「（日米合意は）『可能な限り』としている。『可能な限り』というのは米軍が決めるので、どうにでもなる」と批判した。

県議会が抗議決議

米海兵隊の垂直離着陸輸送機MV22オスプレイの県内への強行配備を受け、県議会（喜納昌春議長）9月定例会は1日、本会議を開き、配備反対を求める緊急抗議決議を全会一致で可決した。3度目の決議。

抗議決議は「もし、市街地に落下する事態となったとき、一体誰が責任を取るのか。県民の声を無視し続ける両政府の対応は、言語道断で到底容認できるものではない」とし、断固拒否する覚悟を示した。決議は、首相や外相、防衛相に加え、米国務、国防長官、駐日米国大使宛て。一般質問を延期し、沖縄防衛局や外務省沖縄事務所に抗議要請する「極めて異例」（喜納議長）の対応を取り、厳しい姿勢で配備撤回を訴えた。

浦添工高勢 3階級制覇
岐阜国体 レスリング

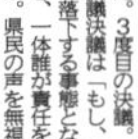
屋比久翔平

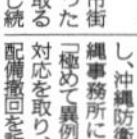
与那覇竜太

宮國雄太

【岐阜国体取材班】第67回国民体育大会（ぎふ清流国体）第3日は1日、岐阜県各地で行われ、レスリングのグレコローマンで、少年66キロ級の屋比久翔平、同84キロ級の与那覇竜太、同96キロ級の宮國雄太の浦添工高の3人が優勝を飾った。与那覇は初戦の2回戦から決勝まで無失点の完全優勝を果たし、今季4冠を達成。屋比久も今季4タイトル目を手にした。宮國はJOCジュニアオリンピックに次ぐ2冠をつかんだ。成年55キロ級の松田大地（名護特支教）、同96キロ級の赤嶺希（青山学院大）はそれぞれ5位入賞を果たした。

（15面に関連）

論功優先 解散攻防へ
第3次野田改造内閣が発足

野田佳彦首相（55）は1日午後、第3次改造内閣を発足させた。民主党の前原誠司前政調会長（50）を国家戦略担当相、田中真紀子元外相（68）を文部科学相に起用。城島光力前国対委員長（65）を財務相、樽床伸二前幹事長代行（53）を総務相に充てた。会見で改造の目的を「内外の諸課題に対処するため、政府・与党の連携を一層深め内閣機能を強化する」と説明した。党務で貢献した城島、樽床両氏を起用し論功優先の人事となった。新布陣で野党との解散攻防に臨む。

（3、4、7、10、34面に関連）

内閣改造は6月以来。18人の閣僚中、10人が交代す[illegible]衆院選を視野に田中、前原両氏の発信力への期待もある。

初入閣は城島、樽床両氏を含め8人。民主党の三井辨雄政調会長代理（69）は厚生労働相、田中慶秋副代表（74）は法相兼拉致問題担当相、長浜博行官房副長官（53）は環境相兼原発事故担当相に就いた。小平忠正衆院議院運営委員長（70）を国家公安委員長に、中塚一宏内閣府副大臣（47）を金融担当相に起用。郵政民営化担当相には国民新党の下地幹郎幹事長（51）が就任した。

りゅうちゃんクイズ 601 社会編《しゃかいへん》

選挙《せんきょ》の候補者《こうほしゃ》について詳《くわ》しく知《し》ってもらうため、県選管《けんせんかん》が今年《ことし》6月《がつ》の県議選《けんぎせん》で実施《じっし》したことは？

①メールマガジンの配信《はいしん》
②選挙公報《せんきょこうほう》の発行《はっこう》　③ホームページの開設《かいせつ》

★こたえはどこかのページにあるよ。さがしてね★

金口木舌、天気は3面、テレビは28面に移しました

2012年10月2日――オスプレイ強行配備

社説

恐怖と差別強いる暴挙　日米は民主主義を壊すな

米海兵隊の垂直離着陸輸送機MV22オスプレイ6機が10月1日、一時駐機していた米軍岩国基地（山口県）から普天間飛行場に移動、配備された。県民の総意を無視した暴挙に強い憤りを覚える。

オスプレイ配備への怒りを県民総意として共有した「9・9県民大会」から3週間。仲井真弘多知事や大会実行委員会の代表、抗議行動に集う老若男女は繰り返し配備に異議を唱えているが、日米両政府は「理解してほしい」として思考停止状態にある。

言語道断だ。

✤植民地政策

わたしたちが目の当たりにしているのは、日米両政府による民主主義の破壊、人権蹂《じゅう》躙《りん》にほかならない。配備強行は植民地政策を想起させる蛮行であり、良識ある市民とメディア、国際世論の力で速やかに止める必要がある。

オスプレイは試作段階で30人が死亡したが、米政府は量産を決めイラクなどに実戦投入した。しかし2012年4月にモロッコ、6月には米フロリダ州で墜落事故を起こし計9人が死傷。海兵隊のMV22オスプレイに限っても、2006年以降30件以上の事故を起こしている。県民は事故の絶えないオスプレイが県内に配備されることを、人命、人権の脅威と認識している。

しかし両政府は過去の事故原因を「人為的なミス」と結論付け、機体の構造に問題はないとの「安全宣言」を行った。県民は宣言が、構造上の欠陥を指摘する米側専門家の証言などを切り捨てた、虚飾にまみれた調査報告に基づいてなされていることを知っている。

県知事と県議会、県内41市町村の全首長と全議会がオスプレイ配備に明確に反対している。琉球新報社の世論調査では回答者の9割が普天間への配備に反対した。

仲井真知事が強行配備について、「自分の頭に落ちるかもしれないものを誰が分かりましたと言えますか。県民の不安が払拭されない中で（移動を）強行するのは理解を超えた話だ」と批判したのは、県民の声を的確に代弁している。

森本敏《さとし》防衛相は、「普天間飛行場の固定化防止と沖縄の基地負担軽減について県知事、関係市長と話し合う次のステージに進むと思う」と臆面もなく語るが、県民の多くはそもそも海兵隊が、沖縄の安全に貢献してきたとは考えていない。むしろ戦後、基地から派生する事件・事故や犯罪によって県民の安全を日常的に脅かしており、沖縄からの海兵隊撤退を望んでいる。県議会も海兵隊の大幅削減を過去に決議している。

✤非暴力的な抵抗

オスプレイが沖縄本島やその周辺で墜落事故を起こせば大惨事になる可能性が大きい。オスプレイ配備は在沖海兵隊基地の永久固定化の可能性も高める。配備強行は沖縄に過重負担を強いる構造的差別を深刻化させる。県民はこれ以上、差別的扱いを甘受できない。

日本政府は例えば原発事故に苦しみ、放射線被害におびえる福島県民に対し、原発を押し付けることができるだろうか。できないはずだ。

基地に十分苦しみ、「欠陥機」墜落の恐怖にさらされている沖縄県民に、オスプレイを押し付けることも明らかに不当である。

日米は沖縄を植民地扱いし、強権を駆使して抵抗の無力化を図ったり県民世論の分断を試みたりするだろう。だが県民は日米の常とう手段を知っており惑わされない。

基地は県民に利益をもたらす以上に、県民の安全や経済発展の阻害要因となっている。沖縄は基地跡地を平和産業や交流の拠点に転換する構想を描き歩み始めている。

普天間飛行場の一日も早い閉鎖・撤去を求める県民の決意は揺るがない。オスプレイの配備強行により、県民の心は基地全面閉鎖、ひいては日米関係の根本的見直しという方向に向かうかもしれない。

県民は沖縄に公平公正な民主主義が適用されるまで、あらゆる合法的手段で挑戦を続けるだろう。日米は人間としての尊厳をかけた県民の行動は非暴力的であっても、決して無抵抗ではないと知るべきだ。

ニュースや情報提供 098(865)5158
広告のお申し込み (0120)415059
購読・配達の問い合わせ (0120)395069
本社事業案内 098(865)5256
読者相談室 098(865)5656

（日刊）
琉球新報
THE RYUKYU SHIMPO 第37273号
2012年（平成24年）10月17日 水曜日 ［旧9月3日・大安］
発行所 琉球新報社 〒900-8525那覇市天久905番地 電話 098(865)5111

2米兵 女性暴行

米本国の海軍所属

県警逮捕 1人容疑認める

県警捜査一課は16日、県内の20代女性を暴行しけがを負わせたとして、集団女性暴行致傷容疑で米テキサス州フォートワース海軍航空基地所属の米海軍上等水兵クリストファー・ダニエル・ブローニング容疑者(23)と、同三等兵曹のスカイラー・アンドリュー・ドージャーウォーカー容疑者(23)を逮捕した。同課によると、ドージャーウォーカー容疑者は「2人で犯行に及んだ」と容疑を認めており、ブローニング容疑者は「事実が間違っている」と容疑を否認している。県警は17日、両容疑者を那覇地検に送検する。

（2、3、28、29面に関連）

ことし8月には那覇市で女性への強制わいせつ致傷容疑で米海兵隊員が逮捕されたばかり。垂直離着陸輸送機MV22オスプレイ配備で県民の反発が強まる中、凶悪事件発生は県民のさらなる反発を招きそうだ。

両容疑者の逮捕容疑は16日午前3時35分ごろから同4時20分ごろの間、共謀して本島中部の屋外で女性を暴行し、首に擦り傷を負わせた疑い。容疑者らと女性に面識はなく、帰宅途中に突然襲われたという。両容疑者は事件前、現場近くで酒を飲んでいたという。

女性の関係者から通報を受け、捜査員が付近を聞き込みし、本島中部の宿泊施設でブローニング容疑者を発見。その後、ドージャーウォーカー容疑者が事件に関わっていたことを割り出し、緊急逮捕した。

在日米海軍によると、両容疑者は補給業務を支援する通常業務のため、14日から米軍嘉手納基地で従事していたという。16日にグアムに移動する予定だった。

外務省はルース駐日米大使に「強い遺憾の意」を表明し、再発防止と綱紀粛正を申し入れた。

米海軍は、琉球新報の取材に「県警が捜査を遂行できるよう、協力し支援する。米海軍は兵員による違法行為を含む事件を真剣に取り扱う」と回答。米国防総省も同様のコメントをした。

県警は今後、両容疑者の取り調べを進め、DNA鑑定なども実施して事件の全容解明を進める方針。女性が持っていたかばんもなくなっており、窃盗や強盗の疑いも含めて捜査する。

知事、日米にきょう抗議

県軍用地転用促進・基地問題協議会の政府要請で上京中の仲井真弘多知事は、米海軍兵による女性暴行事件の発生を受け、17日に急きょ、ルース駐日米大使と森本敏防衛相らに抗議や、申し入れを行う。容疑者の米兵への厳正なる対応や捜査への全面協力などを求める。県も同日、グラック在沖米四軍調整官とマグルビー在沖米総領事あてに抗議する。また沖縄防衛局も米軍側への申し入れを検討しており、米兵への教育の徹底や綱紀粛正などを求める見通し。

県によると、16日午後6時前に県警から、同午後6時40分すぎに沖縄防衛局から事件について情報を得た。東京で一報を受けた仲井真知事が駐日米大使や政府への要請を決めた。又吉進知事公室長によると、知事は衝撃を受けた様子で怒りを示したという。

又吉公室長は「またこういうことが起きたと、大変衝撃を受けている。現時点で情報が不足しており、情報収集をしたい」と述べた。

藤村修官房長官に基地問題の解決を要請する軍転協会長の仲井真弘多知事（左から２人目）ら＝16日、首相官邸

オスプレイ 「訓練移転で対応」

軍転協要請に藤村官房長官 配備中止に応じず

【東京】県と、基地を抱える27市町村でつくる県軍用地転用促進・基地問題協議会（軍転協）会長の仲井真弘多知事、稲嶺進名護市長、儀武剛金武町長らが16日、官邸で藤村修官房長官と面談し、垂直離着陸輸送機MV22オスプレイの米軍普天間飛行場配備計画の中止、同飛行場の県外移設、日米地位協定の見直しなどを文書で要請した。藤村氏はオスプレイについて「訓練移転に取り組むことを検討している」と述べ、配備中止には応じなかった。

要請内容は在沖米海兵隊のグアム移転、米軍嘉手納基地より南の施設・区域の返還、鳥島射爆場の返還など基地負担軽減で7項目、駐留軍用地利用に関する諸施策の推進で2項目。政普天間飛行場の県外移設は昨年に続いて要請に盛り込まれた。一行は森本敏防衛相、樽床伸二沖縄担当相、輿石東民主党幹事長、吉良州司外務副大臣、ルース駐日米大使を訪ね同様に要請した。

要請後、仲井真知事は記者団に対し「米軍基地に係る課題の改善、解決を図ってもらいたいと、政府にお願いするが、何年も立っても、1㍉も進まない」と不満を表明し、目に見える基地問題解決の進展を求めた。さらにオスプレイ配備に関しては全国への配置分散をあらためて強調した。

宮古島今夜暴風に

台風21号 あす大東暴風域も

大型の台風21号は16日午後9時現在、那覇市の南約500㌔の海上にあり、ゆっくりとした速さで西へ進んでいる。沖縄気象台によると、台風は17日午前中に北寄りに進路を変え、沖縄地方へ接近する見通し。17日の夜の始めごろに宮古島地方、18日夜に大東島地方が風速25㍍以上の暴風が吹き、本島、石垣島、与那国島地方でも18日昼前～夕方ごろに風速20㍍以上の強い風が吹く恐れがある。

台風の中心気圧は975㍱、中心付近の最大風速は30㍍。最大瞬間風速は45㍍で、中心から半径170㌔以内では風速25㍍以上の暴風域となっている。

16日の船便は本島と周辺離島を結ぶ全便や先島を航行する一部など少なくても53便が欠航。17日も多くの航路で欠航を見込んでいるか、欠航が決まっている。空の便も17日、南北大東、先島地方の空港を発着する便に影響が出る可能性がある。

新聞が来たら元気になるばあちゃん
新聞週間標語

台風21号（16日21時現在）

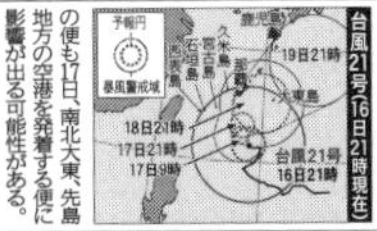

おことわり

台風の影響で17、18日付の新聞は一部地域で配達の遅れが予想されます。ご了承ください。琉球新報社

台風21号暴風(域)の予想接近時間

	始まり	最接近	終わり
本島北部	動向に注意（17日夕方に20㍍超の強風）	18日夜	―
本島中南部		18日昼過ぎ～夕方	―
久米島			―
宮古島	17日の夜始め	17日夜遅く	18日の朝～昼前
石垣島	動向に注意（17日昼前に20㍍超の強風）	17日夜始め	―
与那国島			―
大東島	18日夜	19日	19日

※16日21時現在、沖縄気象台発表

きょうの暦（那覇）

月齢1.6	（中潮）
日出	06:29
日入	18:00
月出	08:09
月入	19:19
満潮	08:15 19:54
干潮	01:49 14:02

各地の情報は25面に

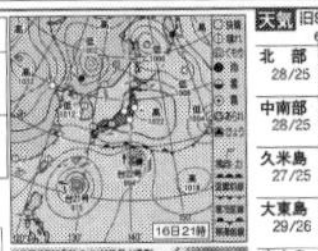

天気 旧9月3日・大安

	6時-12 降水確率	12-18 降水確率	18-24 降水確率	風向	風速	波高	あすの天気
北部 28/25	50	60	70	北東	20	6→7	
中南部 28/25	50	60	80	北東	20	6→7	
久米島 27/25	50	70	60	北東	20	5→6	
大東島 29/26	30	20	30	東→南東	15	6	
宮古島 27/25	60	50	50	北	25	6→8	
石垣島 27/25	50	40	20	北	23	5→7	
与那国島 26/24	30	20	20	北	20	5→6	

◇海上暴風警報＝沖縄南方海上◇海上強風警報＝東シナ海南部、沖縄東方海上◇波浪警報、雷・強風・高潮注意報＝大東島地方◇波浪警報、強風・高潮注意報＝本島北部、本島中南部◇波浪警報、強風注意報＝宮古島地方◇強風・波浪・高潮注意報＝久米島
（日本気象協会 16日18時発表）

週間天気（那覇） 19/金 20/土 21/日 22/月 23/火

予想最高気温は赤 最低は青　のち　一時・時々　天気マーク下の数字は降水確率

あすの風向・波高・風速、きょうの全国の天気、洗濯・紫外線情報は3面に

金口木舌

2012年10月17日

少し厚めの錦糸卵、朱色鮮やかな紅しょうが、そしてかまぼこー。子どものころ祖母や母親に連れられて行った那覇のにぎわいと一緒に浮かんでくるのは「うちなーすば（沖縄そば）」だ▼かつては小腹が空いたときの「やーさのーし」の定番だった沖縄そば。画期的なソーキのトッピングをはじめ麺やスープにもバリエーションがあり進化が続く。観光客もマップを手に人気店に足を運ぶ。沖縄の食文化で不動の地位を獲得するまでになった▼二十数年前、衝撃だったのがソーキそばとの出合い。名護勤務のころ、同僚と「ソーキそば」巡りをしたものだ。逆に八重山ではネギと細切りの肉というなんともシンプルなトッピングに目を丸くした▼時代は移り、いまや「沖縄そば戦国時代」。食堂の一品としてでなく、専門店として独自性で勝負する店も増え、各店を回り自分の好みで「グルメランク」を作る楽しみも生まれた▼きょう17日は「沖縄そばの日」。沖縄生麺協同組合のホームページには「本場沖縄そば」の定義や「そば」の表示が本土復帰後、公正取引委員会から禁止された経緯などが紹介されている▼庶民の味・沖縄そばの前にはファストフードやラーメン、うどんなど〝強敵〟がひしめく。選択肢が多様化する中、おちおちしてはいられない。若い世代の「すばじょーぐー」を増やすのも文化の継承だ。そば屋へ行こう。

りゅうちゃんクイズ 615 社会編

沖縄について研究する「沖縄学」。戦前の沖縄学では「御三家」と呼ばれる学者がいたんだよ。伊波普猷、東恩納寛惇とあともう1人は誰かな？

①謝花昇 ②牧志朝忠 ③真境名安興

★こたえはどこかのページにあるよ、さがしてね★

2012年10月18日――

続発する米兵による女性暴行事件

社説

卑劣極まりない蛮行　安保を根本から見直せ

被害者女性の尊厳を踏みにじった米兵の野蛮な行為に強い憤りを覚える。凶悪犯罪の再発を防げなかった日米両政府の無策と責任も、県民とともに厳しく糾弾したい。

沖縄県警は10月16日、県内の20代女性への集団女性暴行致傷容疑で米海軍上等水兵（23歳）と、同三等兵曹（23歳）を逮捕した。容疑が固まれば速やかに起訴し、日本の裁判で厳正に裁くべきだ。

米軍は事件のたびに綱紀《こうき》粛正《しゅくせい》や兵員教育による再発防止を約束するが、何が変わったというのか。現状は基地閉鎖なくして米兵犯罪の根絶は不可能だと、米軍自らが自白しているようなものだ。

✤続く米国の恥

女性は安心して道を歩けない。米兵は沖縄を無法地帯と考えているのか……。沖縄県婦人連合会の平良菊会長はこんな疑問を抱きつつ、「危険なオスプレイが縦横無尽《じゅうおうむじん》に飛んで、危険な米兵が地上にうようよしているのが今の沖縄か。人権蹂躙《じゅうりん》も甚《はなは》だしい」と述べた。同感だ。２０１２年８月にも、那覇市で女性への強制わいせつ致傷容疑で米海兵隊員が逮捕された。

復帰後の米軍関係の刑法犯は５７４７件（２０１１年12月末現在）に上る。米国はこうした現状を恥じるべきだ。

在日米軍には日米安保条約に基づき「日本防衛」の役割がある。しかし県民には苦痛をもたらす暴力組織としての存在感が大きい。

日米安保体制を容認する保守系首長も、垂直離着陸輸送機ＭＶ22オスプレイを強行配備した日米両政府に抗議し、万が一墜落事故が起きた場合には「全基地閉鎖」要求が強まると警告する。

両政府は在沖基地が人権を脅かし、地域振興を阻害している現実も直視して、普天間飛行場閉鎖と在沖海兵隊撤退を含め、米軍駐留の根本的見直しを進めるべきだ。

２００４年10月21日付紙面で、わたしたちは「沖縄を取引材料にするな」との社説を掲げた。

大野功統《よしのり》防衛庁長官（当時）が米軍の東アジア10万人体制を見直すため、１９９６年の橋本龍太郎―クリントン両首脳による日米安保共同宣言の見直しを提起し、在日米軍再編協議を本格化させた頃だ。

社説はこう説く。

「１９７２年の本土復帰に際して、当時のニクソン米大統領は佐藤栄作首相が求める『核抜き本土並み返還』を受け入れる代わりに、自らの公約である日本の繊維業者の輸出削減問題で首相に譲歩を求め成功した。いわゆる『縄と糸』の取引だ。１９９６年の日米安保共同宣言の際には、橋本首相が普天間飛行場返還合意と引き換えに、極東有事に米軍の後方支援を積極的に行えるよう『日米防衛協力のための指針』（ガイドライン）の見直しを受け入れた」と。

✤復帰の内実

それは政府が「沖縄の負担軽減」を大義名分に米軍に譲歩する状況が、復帰時や安保共同宣言当時の日米交渉の構図と酷似していることを指摘したものだ。

米国は実を取ったが、沖縄住民は「核抜き本土並み返還」も「普天間飛行場返還」も手に入れていない。今また、米国は〝招かざるオスプレイ〟を県民に押しつけながら、植民地政策と見まがう基地の強化、固定化を推し進めている。

沖縄国際大学の佐藤学教授は、今回の女性暴行事件について「沖縄が自由に使える土地という認識が復帰から40年たっても変わっていない。その認識の延長線上にこういう犯罪がある」と指摘し、仲井真知事に対し訪米要請で「沖縄の人権が、国民としての権利がどれほど踏みにじられているのかを直接伝えるべきだ」と注文している。

米国は沖縄の施政権こそ日本に返還したが、復帰後も日米地位協定に基づき「基地の自由使用」の権利や米軍の特権的地位を温存した。こうした対米追従の不平等協定は改めるべきだ。さもなくば県民の人権を踏みにじる日米両政府の「構造的差別」も続くだろう。

沖縄を踏み台とする日米の理不尽な政策について、県民を挙げて国際社会へ告発する必要がある。

琉球新報
THE RYUKYU SHIMPO
第37373号
（日刊）
2013年（平成25年）
1月27日日曜日
［旧12月16日・先負］
発行所 琉球新報社
〒900-8525那覇市天久905番地
電話 098（865）5111
©琉球新報社2013年

ニュースや情報提供 098（865）5158
広告のお申し込み （0120）415059
購読・配達の問い合わせ （0120）395069
本社事業案内 098（865）5256
読者相談室 098（865）5656

オスプレイ撤回・県内移設断念
東京で県民大行動
きょう開始 全市町村代表ら

オスプレイ配備に反対する県民大会実行委員会の代表と県内全41市町村長（代理含む）らは27日上京し、午後から日比谷野外音楽堂で、配備撤回や米軍普天間飛行場の県内移設断念を訴え、3千～5千人規模の集会を開く。集会後、参加者で銀座をパレードする。28日の政府要請も合わせ、沖縄から約150人の要請団が上京し、沖縄の本土復帰後、最大規模の東京行動を展開する。

（2、3、28、29面に関連）

オスプレイ撤回 東京行動

41市町村のうち、34市町村は首長本人が参加。残りは副市長ら代理が対応する。

政府要請は、防衛相、外相ら閣僚との面談は決まったが、安倍晋三首相は面談に応じない方向。

政府に配備撤回と普天間の県内移設断念を求める建白書（要請書）について、26日までに全41市町村長や市町村議会の議長会、県議会全会派などが同意の署名をした。要請で沖縄側の強い意向を示す構えだ。

一方、県内では26日、週末の土曜にも関わらず、オスプレイ3機が飛行しているのが目撃された。

沖縄へのオスプレイ配備をめぐっては、昨年9月9日に宜野湾市で、県議会や各種構成団体でつくる実行委の主催で配備に反対する県民大会が開催され、先島の地区大会も合わせ約10万3千人（主催者発表）が参加した。

県民の反発が頂点に達する中、米海兵隊は同年10月に12機を普天間飛行場に配備。今夏にさらに12機を配備する予定だ。空軍仕様のCV22オスプレイも嘉手納基地に配備される計画もあることから、「沖縄はオスプレイの実験場か」と危機感が強まっている。

県内市町村では、県民大会後も集会を開いてオスプレイ配備反対を訴え続け、計25市町村で開催された。

東京行動をネット中継

琉球新報社は27日、東京都の日比谷野外音楽堂で行われる「NO OSPREY東京集会」と銀座パレードの模様を琉球新報ホームページで生中継します。通信回線の状況により、画像や音声が乱れることもあります。

舞踏会で繰り広げられる恋愛模様を1人8役で演じる篠井英介さん（左端）＝26日、読谷村文化センター鳳ホール

舞踏会での悲喜劇熱演
読谷 篠井さん8役「城への招待」

クラシック音楽と戯曲を組み合わせた舞台「城（ぐすく）への招待」（琉球新報社、ホテル日航アリビラ主催、読谷村共催）が26日、読谷村文化センター鳳ホールで開かれた。城での舞踏会で繰り広げられる登場人物の悲喜こもごもを、ストーリーテラーの篠井英介さん（役者）が1人8役で演じ、満場の観客を沸かせた。

「城への招待」はフランスの作家ジャン・アヌイの戯曲に作曲家F・プーランクが音楽を付けた作品。今回の脚本はバイオリン奏者の與那嶺理香さんが手掛けた。演奏は與那嶺さん、澤村康恵さん（クラリネット）、大城英明さん（ピアノ）。

舞台装飾に読谷山花織をはじめ、焼き物やステンドグラスなど県内の芸術家による作品を使った。開演前に篠井さんらによるトークショーもあったほか、会場では読谷観光物産展も開かれた。

いじめ対策

教師体罰も対象
自民党骨子案 隠蔽防止へ報告義務

学校でのいじめ問題の深刻化を踏まえて自民党が検討する「いじめ防止対策基本法案（仮称）」の骨子案が26日、判明した。教諭による体罰もいじめと位置付けたほか、死亡や大けが、長期欠席を伴う「重大事案」については隠蔽《いんぺい》を防ぐために学校から市町村長らへの報告を義務化しているのが特徴だ。野党とも調整し、超党派の議員立法として28日召集の通常国会での成立を目指す。

（3面に関連）

大阪市立桜宮高のバスケットボール部主将が体罰を受けた後に自殺した問題などを受け、再発防止へ法整備を急ぐことにした。自民党教育再生実行本部の馳浩副本部長らが主導しており、安倍晋三首相や有識者で構成する政府の「教育再生実行会議」の議論も踏まえて近く最終案を取りまとめる段取りだ。2月中の国会提出を想定する。

骨子案は、いじめを「児童、生徒に対して一定の人的関係にある者が行う心理的、物理的な攻撃で、児童らが心身の苦痛を感じているもの」と定義。これにより教諭の体罰やインターネットの悪質な書き込みもいじめと認められる。大津市の中2男子自殺で浮かび上がった学校、教育委員会の「事なかれ主義」に対応する必要があるとの観点から、重大事案を把握した学校側には自治体首長への報告だけでなく、調査組織の設置を求めた。

いじめで生命の安全が脅かされる際に「学校は直ちに警察に通報する」と明記。いじめをした児童、生徒を学校教育法に基づいて出席停止にする措置の活用も規定した。いじめ防止策としては、子どもの相談を受けるスクールカウンセラーの配置促進など相談体制の強化を国、自治体に要請。政府はいじめ防止の基本方針を策定する。

シンポ「沖縄の声を聞く」 13面

第108号 地域のイイトコ再発見
読んでね！ 新報小中学生新聞 りゅうPON！

天気は3面に移しました

社説

東京要請行動

犠牲の強要断つ出発点
不退転の決意示そう

いったい他のどの都道府県が、このような取り組みを余儀なくされるだろうか。

米海兵隊の垂直離着陸輸送機MV22オスプレイの配備撤回を求め、県内41全市町村の首長またはその名代が27日、一斉に上京し、東京で集会を開く。翌日も打ちそろって首相官邸はじめ関係省庁に要請する。沖縄はもちろん、全国でも前代未聞であろう。

異例の行動は、そこまで取り組んで見せないと無視され、黙殺されると恐れるからだ。日本全体への強烈な不信感の表明でもある。この民意をくみ取らなければ基地問題は極めて危険な局面に入る。政府はそう認識すべきだ。

扱いの落差

沖縄では全市町村長と県知事…議会と県議会が反対決議を可決した。間接民主主義の手続きを尽くして意思表示したと言える。

加えて、昨年9月には復帰後最大規模の県民大会を開き、直接民主主義の手法でも意思を示した。にもかかわらず、米軍はオスプレイを強行配備し、日本政府もそれを容認した。沖縄には民主主義を適用しないという宣言に等しい。

昨年2月、米側から在沖海兵隊の岩国への一部移転を打診された政府は即座に断り、玄葉光…「お願いするつもりはないので安心してほしい」と述べた。長年、基地被害に苦しんだ沖縄こそ、その言葉を切望してきたのではなかったか。

実は普天間の海兵航空団司令部は1976年に岩国から沖縄に移転してきた。占領統治下でもない、施政権返還後の話だ。本土から沖縄へは容易に移転するが、逆は政府が拒絶する。扱いの、あまりの落差にがくぜんとする。

8月には森本敏防衛相（同）がオスプレイを一時駐機中の山…をかけ申し訳ない」「沖縄への安定的な展開のためだ」と告げた。沖縄には半永久的に置こうとし、わずか2カ月置いた地域にはわびる。これほど歴然とした違いは、やはり差別と呼ぶほかあるまい。

オスプレイ配備撤回を求める県民の意思が固いのは、このような差別的取り扱いの認識があるからだ。それは民主党政権時代に露見したが、以前の自民党政権時代の積み重ねの結果でもある。

全国的には、自民党政権に回…論がいずれ軟化すると見る向きもあるが、誤りだ。政権が変わったから差別的取り扱いを甘受するという人はいるまい。

振興策の詐術

安倍晋三首相は政権交代早々、普天間飛行場の辺野古移設を進める意向を示した。今回の総選挙で当選した自民党候補4人全員が県内移設に反対したにもかかわらず、である。沖縄の民意を踏みにじろうとする点において、民主党政権時代と何が違うだろうか。

閣僚ら政府関係者の態度には、振興策をちらつかせて移設容認を迫る気配が見え隠れするが、それもまた、差別にほかならない。

翁長雄志那覇市長が本州四国連絡橋や九州新幹線を例に挙げ、「四国、九州は国の犠牲にな…備されたわけではない」と指摘したのは本質を突いている。他県では基地と関わりなく整備する施設を、沖縄では基地を受け入れない限り造らないと宣言するに等しいからだ。

「抑止力」、「地理的優位性」などという実態のない空虚な言葉で県内移設を説明するのは既に無効だ。振興策の誇示も差別に等しい。その意味で、沖縄への押し付けを可能にする政治的資源は、もはや使い果たされたのである。

政府は事態を正しく認識すべきだ。そうすればオスプレイ配備も辺野古移設も撤回するほか道はあるまい。

今回の要請行動は犠牲の強要と差別を断つ、沖縄の尊厳を懸けた闘いだ。われわれ県民はその出発点に立っている。歴史的意義を認識し、不退転の決意を

2013年1月27日

金口木舌

今日はカレーか、ゴーヤーか、それとも…と、お昼が近づくとソワソワしつつ考えたのは30年以上前。家の食事ではなく学校給食の話▼以前、給食の献立に疑問を持った栄養士が全国の「変な給食」を集めた本が話題になった。メタボに悩む中年が、病院で「やってはいけない」と指導されるパンと麺類の組み合わせなど確かに変だ▼食への関心が高まったおかげか、最近は米飯、地元食材が給食の主役。県内の自治体が公表する献立表にはミヌダル（豚肉のごま蒸し）、チデークニイリチー（島ニンジン炒め煮）など郷土料理も並ぶ▼24日から食育を推進する全国学校給食週間が始まっている。期間中、那覇市はイカスミ汁が登場。意外と子どもも受けがいいとか。名護市は献立の変化でなくやんばる野菜の積極活用を年間通して実施する▼これは沖縄の産業、文化を学ぶ機会にもなり、まさに「生きた教材」だ。男性の3人に2人、女性の3人に1人がメタボで長寿県改め肥満県とも言われかねない沖縄。「うまい」だけでなく、体に優しい郷土食も追求したいものだ▼食文化に詳しい東京農大名誉教授の小泉武夫さんは講演や著書で「食育とは大人が何を子どもたちにするかだ」と説く。沖縄の食文化の豊かさだけ伝えても説得力が乏しい。郷土料理の給食を参考に、出過ぎたおなかを引っ込める。大人が

りゅうちゃんクイズ 712 南部《なんぶ》・離島編《りとうへん》

2012年《ねん》に与那原町《よなばるちょう》の伝統的《でんとうてき》な大綱曳《おおつなひ》きが県外《けんがい》のある場所《ばしょ》で行《おこな》われたよ。それはどこ？

①大阪府大阪市大正区《おおさかふおおさかしたいしょうく》 ②東京都文京区《とうきょうとぶんきょうく》
②京都府左京区《きょうとふさきょうく》

★こたえはどこかのページにあるよ。さがしてね★

2013年1月27日――

社説

全41市町村長の「建白書」提出、東京行動

犠牲の強要断つ出発点　不退転の決意示そう

いったい他のどの都道府県が、このような取り組みを余儀なくされるだろうか。

米海兵隊の垂直離着陸輸送機MV22オスプレイの配備撤回を求め、県内41全市町村の首長またはその名代が1月27日、一斉に上京し、東京で集会を開く。翌日も打ちそろって首相官邸はじめ関係省庁に要請する。

沖縄はもちろん、全国でも前代未聞であろう。

異例の行動は、そこまで取り組んで見せないと無視され、黙殺されると恐れるからだ。日本全体への強烈な不信感の表明でもある。この民意をくみ取らなければ基地問題は極めて危険な局面に入る。政府はそう認識すべきだ。

✤扱いの落差

沖縄では全市町村長と県知事が配備反対を表明し、全市町村議会と県議会が反対決議を可決した。間接民主主義の手続きを尽くして意思表示したと言える。加えて、2012年9月には復帰後最大規模の県民大会を開き、直接民主主義の手法でも意思を示した。にもかかわらず、米軍はオスプレイを強行配備し、日本政府もそれを容認した。沖縄には民主主義を適用しないという宣言に等しい。

2012年2月、米側から在沖海兵隊の岩国への一部移転を打診された政府は即座に断り、玄葉《げんば》光一郎外相（当時）は岩国市長に、「お願いするつもりはないので安心してほしい」と述べた。長年、基地被害に苦しんだ沖縄こそ、その言葉を切望してきたのではなかったか。

実は普天間の海兵航空団司令部は1976年に岩国から沖縄に移転してきた。占領統治下でもない、施政権返還後の話だ。本土から沖縄へは容易に移転するが、逆は政府が拒絶する。扱いの、あまりの落差にがくぜんとする。

8月には森本敏防衛相（当時）が、オスプレイを一時駐機中の山口県知事に「大変な心配、迷惑をかけ申し訳ない」「沖縄への安定的な展開のためだ」と告げた。沖縄には半永久的に置こうとし、わずか2カ月置いた地域にはわびる。これほど歴然とした違いは、やはり差別と呼ぶほかあるまい。

オスプレイ配備撤回を求める県民の意思が固いのは、このような差別的取り扱いの認識があるからだ。それは民主党政権時代に露見したが、以前の自民党政権時代の積み重ねの結果でもある。

全国的には、自民党政権に回帰したことを挙げて、沖縄の世論がいずれ軟化すると見る向きもあるが、誤りだ。政権が変わったから差別的取り扱いを甘受するという人はいるまい。

✤振興策の詐術

安倍晋三首相は政権交代早々、普天間飛行場の辺野古移設を進める意向を示した。今回の総選挙で当選した自民党候補4人全員が県内移設に反対したにもかかわらず、である。沖縄の民意を踏みにじろうとする点において、民主党政権時代と何が違うだろうか。

閣僚ら政府関係者の態度には、振興策をちらつかせて移設容認を迫る気配が見え隠れするが、それもまた、差別にほかならない。

翁長雄志那覇市長が本州四国連絡橋や九州新幹線を例に挙げ、「四国、九州は国の犠牲(になり)、迷惑を掛けられたから、整備されたわけではない」と指摘したのは本質を突いている。

他県では基地と関わりなく整備する施設を、沖縄では基地を受け入れない限り造らないと宣言するに等しいからだ。

「抑止力」「地理的優位性」などという、実態のない空虚な言葉で県内移設を説明するのは既に無効だ。振興策の誇示も差別に等しい。その意味で、沖縄への押し付けを可能にする政治的資源は、もはや使い果たされたのである。

政府は事態を正しく認識すべきだ。そうすればオスプレイ配備も辺野古移設も撤回するほか道はあるまい。

今回の要請行動は犠牲の強要と差別を断つ、沖縄の尊厳をかけた闘いだ。われわれ県民はその出発点に立っている。歴史的意義を認識し、不退転の決意を示そう。

ニュースや情報提供 098(865)5158
広告のお申し込み (0120)415059
購読・配達の問い合わせ (0120)395069
本社事業案内 098(865)5256
読者相談室 098(865)5656

琉球新報
THE RYUKYU SHIMPO
第37375号

(日刊)
2013年(平成25年)
1月29日 火曜日
[旧12月18日・大安]
発行所 琉球新報社
〒900-8525那覇市天久905番地
電話 098(865)5111

首相に建白書手交

オスプレイ撤回東京行動

首相「思うところがある」
県内首長「負担軽減に誠意を」

安倍晋三首相(右)に対し建白書を手に要請を行う実行委共同代表の翁長雄志那覇市長=28日午前、首相官邸(同実行委提供)

【東京】オスプレイ配備に反対する県民大会実行委員会の代表と県内市町村長らは28日、首相官邸を訪れ、配備撤回と米軍普天間飛行場の県内移設断念を求める「建白書」(要請書)を安倍晋三首相に手渡した。官邸を訪れたのは、那覇市の翁長雄志市長や名護市の稲嶺進市長ら約30人。翁長市長によると、全41市町村長や議会議長らの署名が入った「建白書」を受け取った安倍首相は「私も思うところがある。(沖縄の)意見に耳を傾けながら、これからも基地負担軽減を含め、頑張っていきたい」と述べるにとどめたという。

(2、3、9、34、35面に関連)

要請団は県議会がオスプレイ配備反対や、普天間飛行場の県外移設を求める決議を可決していることや、全市町村が要請に参加していることなどを伝え、基地問題の打開を求めた。首相から、オスプレイや普天間飛行場の県外移設について具体的な言及はなかった。

翁長市長は安倍首相との面談後、記者団に「首相が忙しい中、時間を割いて会ってもらえた意義は大きい」と評価。その上で「政府は沖縄の基地負担軽減について全力でやれるように誠意を見せてほしい」と強調した。官邸での要請には菅義偉官房長官も同席した。

41市町村の首長や議長らは5グループに分かれ、官邸のほか、外務、防衛両省、内閣府、米国大使館を訪問した。

建白書では、開発段階から事故を繰り返すオスプレイを配備することは「県民に対する『差別』以外の何ものでもない」と指摘した。さらに本土復帰40年目を迎えても米軍は占領地のごとく振る舞っているとし、「国民主権、国家の在り方が問われている」と強調した。

建白書に同意する全41市町村長と市長会、町村会、市議会議長会、町村議会議長会、県議会各会派、オスプレイ配備に反対する県民大会共同代表などが署名、押印した紙も添えられた。

歴史教科書検定基準
「アジア配慮」修正検討

文部科学省は28日までに、中国や韓国などアジア諸国との歴史的関係に配慮するよう求めた教科書検定基準の見直しに向け具体的な検討を進める方針を決めた。早ければ夏にも議論をスタートさせたい考えだ。大幅な見直しは中韓の強い反発を招く恐れがあることから、「配慮」の対象をアジアに限定せず「国際社会」などと広げる案も浮上している。

(9面に関連)

近現代史を扱う社会科教科書の検定基準は、アジア諸国への配慮を求める「近隣諸国条項」を設けている。自民党内に「自虐史観につながる」との声が強く、衆院選の政権公約では「伝統文化に誇りを持てる内容の教科書で学べるよう、検定基準を改善する」と明記していた。下村博文文科相は条項の見直しについて「今すぐ着手すべきテーマではない」と慎重な姿勢を示している。ただ省内では14年度の中学教科書の検定で適用することを想定し、夏の参院選後、速やかな議論開始が必要との見方が強い。

用語 近隣諸国条項 小中学校の教科書検定基準では、社会科教科書について「近隣のアジア諸国との間の近現代の歴史的事象の扱いに国際理解と国際協調の見地から必要な配慮がなされていること」との条件を設けている。高校の地理歴史、公民の教科書にも同様の規定がある。

首相所信表明
「普天間移設で負担軽減」
振興策に触れず

【東京】安倍晋三首相は28日、衆議院本会議で行った所信表明演説で「普天間飛行場の移設を始めとする沖縄の負担の軽減に全力で取り組む」との意向を表明した。その上で「2月第3週に予定される日米首脳会談において、緊密な日米同盟の復活を内外に示していく決意だ」とし、日米同盟をいっそう強化していく考えを示した。そのほか、沖縄振興などを含め、沖縄関連の発言はなかった。

(11、34面に関連)

安倍首相は「外交・安全保障」をテーマにした部分で、「外交・安全保障についても、抜本的な立て直しが急務だ」と指摘。「その基軸となる日米同盟をいっそう強化して、日米の絆を取り戻さなければならない」とした。

尖閣も含めた領土問題については「国境離島の適切な振興・管理、警戒警備の強化に万全を尽くし、この内閣の下では、国民の生命・財産と領土・領海・領空は、断固として守り抜いていくことをここに宣言する」とし、民主政権との違いを強調した。日米地位協定の改定や垂直離着陸輸送機MV22オスプレイの配備反対に対する要望についての言及はなかった。

経済再生を強調

第183通常国会が28日召集され、安倍晋三首相は衆参両院の本会議で2度目の就任後初となる所信表明演説を行った。デフレ脱却による経済再生を最大、喫緊の課題と位置付け、日銀との緊密な連携で「強い経済を取り戻す」との決意を示した。東日本大震災からの復興は必ず加速させると約束。日本人10人が犠牲になったアルジェリア人質事件については、冒頭で「断固として非難する。国際社会と連携し、テロと戦い続ける」と宣言した。

首相は経済再生に向け2012年度補正予算と13年度予算の早期成立に全力を挙げ、夏の参院選をにらんだ実績づくりを急ぐ。民主党はじめ野党は、首相が主導する金融緩和や大規模な財政出動に「副作用」がないか徹底追及する構えで、与野党攻防が本格化する。

副知事に高良、川上氏
2月議会 議案提出

高良倉吉氏

川上好久氏

仲井真弘多知事は28日までに、副知事に琉球大学教授の高良倉吉氏(65)と県総務部長の川上好久氏(58)を起用する意向を固めた。2月下旬開会予定の県議会2月定例会に議案を提出する見通し。上原良幸副知事は任期3年で、与世田兼稔副知事は2年で退任する。

仲井真知事は2期目の任期が残り2年を切る中、自身の1期目からブレーンを務め、自民党や官僚ともパイプを持つ高良氏、一括交付金を含めた新たな沖縄振興法の成立に事務方として尽力した川上氏の起用を固めたとみられる。(島洋子)

天気 旧12月18日・大安

地域 (最高/最低)	6-12時	12-18時	18-24時	風向	風速	波高
北部 19/10	10	30	50	東	7	1.5→1
中南部 20/12	10	30	50	東	7	1.5→1
久米島 19/11	10	30	50	東	7	1.5→1
大東島 20/11	10	10	10	北東→東	10	3→1.5
宮古島 21/16	20	20	40	東→南	8	2→1.5
石垣島 22/16	10	20	30	東→北西	8	2→1.5
与那国島 21/16	20	30	20	東→北西	9	2→1.5

◇海上風警報=沖縄南方海上◇波浪・乾燥注意報=大東島地方◇乾燥注意報=本島地方、八重山地方【概況】本島地方は気圧の谷が近づくため、次第に雲が多くなり、夜は雨が降る。先島地方も雲が広がりやすい。大東島地方は高気圧に覆われ、一日晴れる。(日本気象協会28日18時発表)

28日21時

28日23時「ひまわり7号」撮影

週間天気(那覇) 31/木 1/金 2/土 3/日 4/月

予想最高気温は赤 最低は青 のち 一時・時々 天気マーク下の数字は降水確率

あすの風向・波高・風速、きょうの全国の天気、洗濯・紫外線情報は3面に

きょうの暦(那覇)

月齢17.3	(中潮)
日出	07:15
日入	18:10
月出	20:11
月入	08:09
満潮	08:41 / 20:29
干潮	02:22 / 14:31

各地の情報は31面に

金口木舌

2013年1月29日

東京の人の目にはどう映ったのだろうか。県内全市町村の代表によるオスプレイの配備撤回を求める東京行動のことだ。

1972年の日本復帰から41年。今なお基地重圧の苦しみを訴えざるを得ない現実は悲しい▼「何のかんばせ(顔)あって相まみえんや」。後の県知事で、61年当時立法院議員だった平良幸市氏は、米国の招待で沖縄を訪問した国会議員団の主体性を疑問視し非難した。95年には大田昌秀知事(当時)が村山富市首相の軍用地強制使用の強硬策に抗議し「沖縄は日本ですか」と問うた▼屋良朝苗氏は68年、初の公選主席就任にあたり「沖縄問題は祖国全国民の問題であり、全国民が自分の問題として考えていくよう強く訴えていきたい」と訴えた。その問い掛けは今日においても有効性を失っていない▼歴史は繰り返されている。東京集会で翁長雄志那覇市長は「沖縄が日本に甘えているのか、日本が沖縄に甘えているのか」と批判した。要請に閣僚の明確な答えはなく、県内配備は変えないとの姿勢がにじむ。誠意なき対応も繰り返される▼沖縄の声を受け止めぬまま「安全保障への理解」を求める政府。甘えているのはどちらなのか。自らの無理解こそウチアタイして(恥じて)ほしいが、それは無い物ねだりか▼2月にオバマ米大統領と会うという安倍晋三首相。歴代首相と同様、やはり米側の顔色をうかがうのか。

りゅうちゃんクイズ 713 南部《なんぶ》・離島編《りとうへん》

南城市《なんじょうし》では、1月《がつ》31日《にち》からサッカーJリーグのあるチームがキャンプを予定《よてい》しているよ。そのチームはどこかな?

①FC東京《とうきょう》 ②横浜《よこはま》FC
③ジェフ・ユナイテッド市原《いちはら》・千葉《ちば》

★こたえはどこかのページにあるよ。さがしてね★

2013年1月29日――

社説

安倍首相に建白書手交、直接要請

民主国家を取り戻せ　普天間閉鎖で仕切り直しを

沖縄の未来は自らの行動で変えていく。その強固な意思が日本の政治中枢で示された。東京の青く澄んだ寒空の下、県内の41全市町村長と議会議長ら総勢約150人の要請団が永田町、霞が関を駆け巡った。

海兵隊の垂直離着陸輸送機MV22オスプレイの配備中止と、米軍普天間飛行場の閉鎖・撤去を求めるオール沖縄の民意を安倍晋三首相ら主要閣僚にぶつけた。

都道府県単位の全市町村長による総行動は例がない。沖縄の自己決定権を取り戻す不退転の決意が示された節目の日として、歴史に刻まれることになるだろう。

✤欺瞞を問う

小異を超え、政党や首長らが大同団結して掲げた二つの要求は最低限のものだ。沖縄を踏み台に、経済的繁栄を謳歌してきた全国民への痛烈な問い掛けでもある。

国土の0・6％しかない基地の島に、安全保障の過重な負担を押し付け続けるこの国の欺瞞《ぎまん》を問い、民主主義が機能するよう求める公憤と理解されるべきだ。

沖縄の民意は分水嶺を越え、「もはや後戻りしない、できない」（喜納《きな》昌春県議会議長）ことが一層鮮明になった。

当初は困難視されていた安倍首相との面談が実現し、要請団から直接、建白書が手渡された。

「誠心誠意向き合い、沖縄の理解を得たい」と述べてきた安倍首相に、面談を避ける選択肢はなかったのだろう。沖縄の民意の力が増したことの表れとみていい。

首相は「皆さんの意見に耳を傾けながら、基地負担軽減を含め頑張りたい」と思わせぶりに語ったが、具体的な返答はなかった。

同じ日の所信表明演説で、安倍首相は緊密な日米同盟の復活を内外に示すとし、「普天間飛行場の移設をはじめとする沖縄の負担の軽減に全力で取り組む」と述べ、県内移設推進を強くにじませた。

安倍首相は、島ぐるみの民意を聞き置く程度にとどめることで、沖縄の疎外感と失望感を高めてきた歴代政権の失政と一線を画すべきだ。

沖縄振興予算をアメにして、沖縄を懐柔する補償型の基地維持政策は、県民にもう通用しない。

政権発足から日が浅いだけに、まだ外交政策を改める時間的猶予はある。首相は、オスプレイ配備撤回、普天間飛行場の閉鎖・撤去に向け、米国と仕切り直すことこそ、日米関係の不安定要因を取り除けることに気付くべきだ。

2月に予定されるオバマ米大統領との首脳会談で、安倍首相は、正面からオスプレイと普天間問題の大胆な見直しに臨んでほしい。

✤屋良さんの悲願

要請や記者会見、総括集会の場で、各界代表から放たれる言葉は研ぎ澄まされていた。沖縄と、日本政府と本土の国民の関係性を突く鋭利な切れ味を増していた。

翁長雄志那覇市長は、県民の結束の力として、「銃剣とブルドーザー」で強制接収した土地を二束三文の地代で売り渡すよう迫った米軍にあらがい、阻止した四原則貫徹運動を挙げた。その上で、沖縄の民意がないがしろにされる状況について、「アジアや世界から信頼される品格ある国、国民と言えるのか」と問い掛けた。

「祖国復帰運動」を引っ張り、初代県知事に就いた屋良《やら》朝苗《ちょうびょう》さんは「新沖縄県発足式典」で、沖縄が本土の安全や経済繁栄の踏み石にされる構図を変える決意をこうにじませていた。

「沖縄が歴史上、常に手段として利用されてきたことを排除して、平和で豊かで希望のもてる県づくりに全力を挙げたい」

屋良さんの悲願は本土復帰から40年の節目を迎えても実らず、沖縄の試練は続く。だが、もはや沖縄の民意をないがしろにした沖縄の基地問題の解決はない。米国に追従するばかりの思考停止から脱することなく、「落としどころ」を沖縄に求めてはならない。

日本政府が、そして本土の国民こそが変わるべきなのだ。

ドキュメント「4・28」

9時ごろ　宜野湾海浜公園に参加者が集まり始める

「失望」の旗

9時2分　那覇市役所に失望を表す28本の紺色の旗が掲げられる

10時　沖縄大会が開場。門の前に並んでいた参加者が続々と入場する

11時　ひやみかち節で沖縄大会始まる

11時　宮古大会が始まる

11時　政府式典が始まる

11時2分　政府式典で国歌斉唱

11時4分　政府式典で安倍晋三首相が「私たちは日本をもっと良い美しい国にしていく」と式辞を述べる

「沖縄に返せ」

11時5分　沖縄大会で「沖縄に返せ」を合唱。参加者が腕を組んで歌う

11時すぎ　会場に入れない人が外にあふれる。近くの広場など2カ所に集まり始める

11時9分　沖縄大会の仲村未央実行委事務局長が「沖縄をこの沖縄に返せ。人権を自治を土地を海を空を、県民のものとして回復する決意と団結を政府式典への抗議に込める」と開会宣言

「まやかし言うな」

11時25分　那覇市での公明党県本抗議演説会で金城勉幹事長が「日米地位協定改定を一言も米国に言えない政府が、主権回復などとまやかしを言うな」と声を上げる

11時39分　政府式典が閉会

11時40分　政府式典で天皇、皇后両陛下の退席時、国会議員から万歳の声が湧き起こる

「がってぃんならん」

11時59分　沖縄大会で東條瀧子共同代表が「県民は政府式典にがってぃんならんとの憤りをもって強く抗議する」との大会決議とスローガンを読み上げる

12時1分　実行委が参加者数を1万人と発表

12時3分　沖縄大会の崎山嗣幸共同代表ら5人が「がってぃんならん」を五唱し、参加者が怒りの拳を突き上げる

12時3分　沖縄大会の渡久地修実行委常任幹事が「基地のない平和な沖縄を

1万人が式典抗議

「屈辱の日」大会　政府を批判

首相「希望新たに」

主権回復式典　沖縄配慮も言及

サンフランシスコ講和条約発効から61年を迎えて開かれた「主権回復・国際社会復帰を記念する式典」で、万歳する出席者ら。左端は安倍首相＝28日午前、東京・永田町の憲政記念館

【東京】1952年のサンフランシスコ講和条約の発効から61年を迎えたことに合わせ、政府は28日午前11時から「主権回復・国際社会復帰を記念する式典」を東京都内の憲政記念館で開催した。沖縄にとっては日本から切り離された「屈辱の日」である「4・28」について、安倍晋三首相は「講和条約発効によって主権を取り戻し、日本を日本人自身のものとした日」と定義。「私たちがたどった足跡に思いを致しながら、未来へ向かって希望と決意を新たにする日にしたい」と述べた。天皇、皇后両陛下も出席したが、お言葉はなかった。

式辞の中で安倍首相は「残酷な地上戦を経験し、おびただしい犠牲を出した沖縄の施政権が最も長く日本から離れたままだった」と沖縄に言及。佐藤栄作元首相の「沖縄の復帰が実現しない限り日本の戦後は終わらない」との言葉を引用し「沖縄の戦中戦後の苦労に、通り一遍の言葉は意味をなさない。若い世代に呼び掛けつつ、沖縄が経てきた辛苦にただ深く思いを寄せる努力をなすべきだと訴えようと思う」と述べた。

伊吹文明衆院議長は「領土と主権が完全に日本へ戻ったのは72年の沖縄返還協定発効を待たねばならなかった。それ以降も安全保障上の負担の多くを沖縄が担っている現実を忘れてはならない」と述べた。

式典に仲井真弘多知事は欠席し、高良倉吉副知事が代理出席。県関係国会議員10人中、自民党5人全員が出席し、野党は欠席した。

都内では式典を批判する集会が市民団体や一部の右翼団体の主催で開かれ、デモ行進などで抗議した。

式典には衆参両院議長、最高裁長官ほか国会議員、中央省庁幹部ら約390人が参加。平田健二参院議長は沖縄に言及せず、竹崎博允最高裁長官は72年の復帰に触れたのみだった。民主党の海江田万里代表らも参加した。

主権回復をめぐる政府式典は52年5月以来で、政府は毎年開催はしない方針。共同通信の取材では25都道府県知事が出席し、他は副知事らの代理出席だった。

式典は保守層の支持拡大を狙う自民党が昨年の衆院選で実施を公約、安倍内閣は今年3月12日に閣議決定した。

高良副知事

式典一定評価も　沖縄大会「共感」

記者団の質問に答…倉吉副知事＝28…の憲政記念館

【東京】28日に東京で開かれた政府の「主権回復」式典に、仲井真弘多知事に代わって高良倉吉副知事が出席した。高良副知事は、安倍晋三首相が式辞で沖縄戦や本土復帰などに言及したことを一定評価する一方、県内で開催された抗議集会への共感も示すなど、複雑な心境をのぞかせた。

高良副知事は「式辞では、総理も沖縄の問題に向き合って発言されていた。非常に納得したというか、理解できた」と首相の式辞を含め今回の式典を評価した。

ただ、高良副知事は「私自身、沖縄の米軍統治下、

ると、実態が異なる点もいっぱいある」と指摘。式典に抗議する沖縄集会が同時刻に開催されたことには「共感できる。たくさんの思いや異なる意見が、（県内に）横たわっている現実を無視しては沖縄問題を語れない」と述べた。

一方、仲井真知事は県内で開かれた式典に抗議する沖縄大会にも出なかった。26日には記者団に「東京に

（1968年2月2日第３種郵便物認可）

きょうの紙面

動画 この記事は新報HPで動画がみられます。 http://ryukyushimpo.jp

ニュースや情報提供
098(865)5158
広告のお申し込み
(0120)415059
購読・配達の問い合わせ
(0120)395069
本社事業案内
098(865)5256
読者相談室
098(865)5656

琉球新報
THE RYUKYU SHIMPO
第37463号
2013年（平成25
4月29日
［旧3月20日・仏
発行所 琉球新報
〒900－8525那覇市天久
電話 098(865)51

沖縄切り捨て再び

サンフランシスコ講和条約発効日を記念する政府の式典開催に抗議し、「がってぃんならん五唱」で拳を突き上げる「屈辱の日」沖縄大会の参加者＝28日午後0時3分、宜野湾市の宜野湾海浜公園屋外劇場（諸見里真利撮影）

国の在り方問う

4・28大会決議を採択

沖縄が日本から切り離された1952年のサンフランシスコ講和条約発効から61年を迎えた28日、県議会野党・中立系会派や市民団体などの実行委員会が主催する「4・28政府式典に抗議する『屈辱の日』沖縄大会」が午前11時から宜野湾市の宜野湾海浜公園屋外劇場で開かれた。会場に入り切れなかった人も含め約1万人超（主催者発表）が参加。政府が同時刻に東京都内で主催した「主権回復・国際社会復帰を記念する式典」に抗議し、「県民の心を踏みにじり、再び沖縄切り捨てを行うもので到底許されるものではない」とする決議と大会スローガンを採択した。

2、3、4、23、26、27面に関連、14、15面に特集・大会決議全文

沖縄大会に連動して宮古島市や鹿児島県奄美市でも大会が開かれ、東京でも複数の市民集会があった。県内では大会に参加しなかった政党や自治体も独自に抗議の意思表示活動などを展開。式典を断行した安倍政権への怒りで包まれた。

沖縄大会は復帰運動で歌われた「沖縄を返せ」の替え歌「沖縄に返せ」の合唱で開会。共同代表の喜納昌春県議会議長は「米国言いなりで、住民頭越しの政治がまかり通る今の日本は主権国家とは言えない」と式典開催に抗議した。

同じく、研究者グループ「沖縄の平和創造と人間の尊厳の回復をめざす100人委員会」世話人の高良鉄美琉球大教授、県女性団体連絡協議会の伊志嶺雅子会長の両共同代表もそれぞれの立場から思いを語った。

米軍普天間飛行場の移設先とされる名護市の稲嶺進市長は連帯あいさつで「県民の人権がないがしろにされている。何が主権回復か」と訴え、座間味村議会の中村秀克議長は「差別的な日米地位協定がある以上、日本は主権国家ではない」と怒りをあらわにした。

沖縄戦の元女子学徒隊有志「青春を語る会」の中山きく会長は「政府の対応は沖縄の苦悩を全く顧みない、歴史認識を欠いた心ない行為だ」と批判。青年団代表の金城薫中部地区青年団協議会長は「日本国民一丸となって沖縄問題の解決を模索する大事な一歩がきようだ」と呼び掛けた。

大会決議とスローガンを採択し、最後は政府への怒りを表す「がってぃんならん（絶対に許されない）五唱」で締めくくった。

参加を見送った公明党県本が街頭演説で式典を批判するなど、与党からも抗議の声が上がった。 動画

大会スローガン

■沖縄を切り捨て米軍占領下に置いた「屈辱の日」を、「主権回復の日」とする政府式典はがってぃんならん！強く抗議する
■欠陥機オスプレイを即時撤去し、追加配備と嘉手納基地への配備計画をただちに撤回せよ
■米軍普天間基地をただちに閉鎖・撤去し、県内移設を断念せよ
■基地のない平和で、みどり豊かな沖縄を実現しよう

「痛恨の日」に怒り

奄美でも抗議集会

「頑張ろう」を三唱し、拳を上げる抗議集会の参加者＝28日、奄美市名瀬

1952年のサンフランシスコ講和条約発効を踏まえて政府が主催した「主権回復の日」式典に対する「4・28『奄美切り捨ての日』抗議集会」が28日、奄美市の名瀬公民館金久分館で開かれた。「奄美憲法9条の会ネットワーク」（大津幸夫代表）が主催し、163人が参加。「奄美を二度切り捨て、群島民の心を踏みにじる式典の開催は許されない」などと怒りの声を上げ、抗議決議を採択した。

同条約は終戦から6年後の51年9月に調印。52年4月28日の発効で日本は独立したが、奄美は53年12月、小笠原諸島は68年6月米施政権下にあった。4月28日を奄美では「痛恨の日」と呼んでいる。

大津代表(80)は喪服で集会に参加し「主権回復の日に対する奄美の関心は高まっていない。日本復帰60年行事を一過性のイベントに終わらせず、条約の内容を伝える機会にしたい」と呼び掛けた。

奄美大島復帰協議会の役員を務めた崎田実芳さん(84)＝名瀬＝が「4・28前後の奄美群島の様子」をテーマに報告。当時の男子高校生が作った詩を「のろいの日 4月28日 俺たちは死ぬまでその日のことを思い続ける 俺たちの意思は無残にも踏みにじられた――」と読み上げ「奄美や沖縄を外国の施政権下に置いて主権回復とは言えない」と厳しく批判した。

鹿児島大学法科大学院の伊藤周平教授は「安倍政権と憲法問題」と題して講演。自民党の改憲草案の問題点を指摘し「主権回復式典は憲法改正の布石。9条の改正で集団的自衛権が認められれば、日米地位協定が強化されてしまう。若者を戦地に送らないために、改憲案の危険性を知らせよう」と訴えた。

主催者側が「屈辱の日」沖縄大会実行委員会の連帯メッセージを紹介し、抗議決議を採択した。参加者全員で「頑張ろう」と三唱して結束を誓った。（南海日日新聞・池田由紀子記者）

天気は3面、テレビ面は18面に移しました
金口木舌は3面に移しました。りゅうちゃんクイズは休みました。

2013年4月28日――

「主権回復の日」に抗議する「屈辱の日」沖縄大会

社説

真の主権をこの手に　民主主義の正念場だ

沖縄や奄美《あまみ》、小笠原が日本から分離された1952年4月28日のサンフランシスコ講和条約発効から、61年がたった。

沖縄住民が「4・28＝屈辱の日」として語り継いだ節目を、安倍晋三首相は「わが国の完全な主権回復」の日と再定義し、事実上の祝賀式典を開く。対米従属外交や沖縄の基地過重負担、県民の苦痛を正視しない政府の式典強行に強く抗議する。

式典開催を機に憲法改正など安倍氏が目指す「戦後レジーム（体制）からの脱却」も加速しよう。この国の民主主義や立憲主義の正念場だ。国民一人ひとりがこのことを銘記すべきだ。

✤政治的質草

沖縄戦で本土防衛のための「捨て石」となった沖縄は、4・28を境に再び「小の虫を殺して大の虫を助ける」ための政治的質草《しちぐさ》となった。

首相は式典開催を表明した際、米国統治下の沖縄の苦難に全く触れなかった。式典の閣議決定時に「苦難」を口にしたものの、県民の屈辱感や無念にどの程度思いを致しているのか甚《はなは》だ疑問である。

頻発する米軍の事件・事故、復帰後5800件余に上る米兵などによる犯罪、日米地位協定の不平等性、北方領土問題など未解決の問題が山積している。4・28をもって「日本の完全な主権回復」と捉えるのは誤りだ。

4・28が県民にとって「銃剣とブルドーザー」による強権的な土地接収、過酷な米軍支配の源流であることを軽く見て、日本の独立を祝う無神経さを憂う。

沖縄分離の背景として、昭和天皇が米軍による沖縄の長期占領を望むと米側に伝えた「天皇メッセージ」が影響したとされる。戦後史研究が示している。

一方で今の天皇陛下は2012年12月の会見で、「沖縄はいろいろな問題で苦労が多いことと察しています。その苦労があるだけに日本全体の人が、皆で沖縄の人々の苦労をしている面を考えていくということが大事ではないかと思っています」と述べた。

皇室に対する県民の感情は複雑だが、沖縄の「苦労」に理解を示す天皇陛下のお立場を思う時、沖縄が反発する「主権回復の日」式典へ天皇陛下の出席を求めるのは、陛下ご自身の意に反するのではないか。

安倍政権による天皇の政治利用を危惧する。

✤対岸の火事か

第一次安倍内閣で教育基本法改正、国民投票法制定、防衛省昇格など成果を挙げたものの、退陣により頓挫《とんざ》した「戦後レジームからの脱却」を、安倍首相はこれから仕上げるつもりだろう。

自民党は、今回の「主権回復記念日」を足場に自主憲法制定に邁進すると明言している。いきおい、戦争放棄をうたう憲法9条を含む全面改憲への動きが加速しそうな雲行きだ。

気がかりなのは、巨大与党や改憲勢力による力任せの政治が常態化することだ。既にその萌芽《ほうが》は、沖縄で見られる。

県民の大半が反対する米軍普天間飛行場の名護市辺野古移設計画や、海兵隊輸送機オスプレイの沖縄配備の既成事実化で、強権的な手法が先鋭化している。

この国は民主主義国家であり、軍国主義、全体主義の国ではない。「大の虫」の身代わりとして、沖縄をなお踏みつけにするのか。県民にも本土住民にも地域の命運を自ら選択して決める、自己決定権があるはずだ。

県内では日米による基地維持政策を「植民地政策」と捉え、沖縄の真の主権回復には独立や特別な自治が必要との意見も増えている。日米はこうした事態を真摯に受け止め、米軍基地の過重負担や人権蹂躙状況の解消に努めるべきだ。

本土の政治家、報道機関、国民にも問いたい。

沖縄で国が民意を無視している。民主主義は否定され、人間の尊厳も傷つけられている。これは対岸の火事か。

総合 1版 (1968年2月2日第3種郵便物認可)

琉球新報
THE RYUKYU SHIMPO 第37670号

(日刊) 2013年(平成25年) 11月26日 火曜日 [旧10月24日・先負]

発行所 琉球新報社 〒900-8525那覇市天久905番地 電話 098(865)5111 ©琉球新報社2013年

ニュースや情報提供 098(865)5158
広告のお申し込み (0120)415059
購読・配達の問い合わせ (0120)395069
本社事業案内 098(865)5256
読者相談室 098(865)5656

自民5氏 辺野古容認

普天間移設で県選出国会議員
石破氏と会談し一致
県連も転換へ

【東京】米軍普天間飛行場の移設問題をめぐり県選出・出身の自民党国会議員5人が25日、党本部で石破茂幹事長と会談し、名護市辺野古移設の容認を迫る党本部の圧力を受け、選挙時の県外移設公約の見直しに慎重な姿勢を示していた国場幸之助(沖縄1区)、比嘉奈津美(同3区)の両衆院議員も容認に転じた。同じく県外移設を主張している党県連も公約見直しについて近く判断する見通し。政府・自民党は辺野古埋め立て申請で年内の仲井真弘多知事による承認を目指しており、圧力を強めそうだ。(2、3、30、31面に関連)

石破氏は記者会見で「普天間の危険性を除去するために辺野古移設を含むあらゆる可能性を排除しないということで一致した。日米合意の着実な実施のため県知事の承認を求める」と述べた。

石破氏は19日に県外移設を求めてきた国場、比嘉、宮崎政久(比例九州)の3衆院議員らと会い、25日までの辺野古容認を求めていた。

3氏は週末に地元関係者と調整し、宮崎氏は24日に普天間の固定化回避などを理由に容認を表明。国場、比嘉両氏もこの日の会談で政府・与党の方針を受け入れた。

国場氏は単独で会見し「県外移設公約は堅持する。変えれば有権者に対する裏切りだ」と述べ、今後も県外移設を求めると説明した

が、辺野古移設に関して「普天間の固定化は許されない。あらゆる可能性を排除しないというのは選挙時から訴えてきた」と容認の姿勢を示した。比嘉氏は「(普天間の)固定化の可能性が非常に高いということだった。県民の命の方が大事だと思い決断した」と語った。

一方、菅義偉官房長官は会見で「地元出身の国会議員が軌を一つにした。歓迎したい」と述べ、加藤勝信官房副長官も会見で「一歩前進だ」と歓迎した。

「辺野古移設が普天間の危険性除去に一番早い」と話す自民党の石破茂幹事長(左端)と、辺野古移設容認に転じた沖縄の自民国会議員5氏=25日午前、東京都内の自民党本部

秘密法案きょう採決
衆院 与党方針、維新は反発

与野党は25日、特定秘密保護法案の審議日程で駆け引きを続けた。自民、公明両党は同日夜の衆院国家安全保障特別委員会理事会で、安倍晋三首相が出席する質疑を26日に開く日程を提案する方針だ。同日中の委員会採決や衆院本会議採決も目指す。早期採決に反対する民主党や日本維新の会は反発しており、与党が26日の衆院通過に踏み切れば、野党の反発で参院審議が停滞する可能性だ。(6、30面に関連)

首相は25日の参院決算委員会で「かなりの時間を費やして審議しているのも事実だ」と述べ、早期成立に期待感を示した。与党は12月6日の国会会期末をにらみ、参院での審議入りを急ぐ構えだ。自民党幹部は「26日の衆院通過を譲る考えはない」と記者団に強調した。

団は幹部会合で、26日の衆院通過は認めないと確認した。国会議員団の松野頼久幹事長は「(政府答弁の)中身次第で欠席や反対もあり得る」と記者団に述べ、秘密指定に関する監視機関設置の確約を求めた。

米、代替案「聞く用意」
日米廻り舞台 検証フテンマ▶4
第1部 米国の深層
「死んだ」移設案

米軍普天間飛行場の返還・移設問題に当初から関わってきた元国務副長官アーミテージが、2010年1月に名護市辺野古移設に関して「米国は『プランB』(代替案)を持つべきだ」と発言した翌月。北海道大大学院教授の山口二郎は札幌市内のイタリアンレストランで駐日米大使ジョン・ルース(当時)と会談していた。ルースが北海道を訪れる機会に、在札幌米総領事館が民主党に近かった山口を夕食会に誘った。

自然と普天間問題が話題になった。鳩山政権の県外移設先探しが行き詰まってきたころで、「米国の本音はどうなのだ」と、山口は尋ねた。ルースは答えた。

「『どの党の政権であれ、日本政府として外国の政府と結んだ合意は着実に実行しなければならない』と、鳩山政権ができたときに、言おうと思えば言えた」

山口の耳に「could have said(言えた)」の句が残った。日本も民主主義の国であり、新政権の言うことを米国は聞く必要がある、との認識をルースは示した。その上で「ボールは依然として日本側にある」とも強調した。

〈米側は、結果は別としても、提案があれば聞く用意があるのははっきりしている。こうしたいと日本政府側から米側に伝えていないのではないかと懸念していたが、案の定そうだった〉

山口はそう思った。だが、その後も民主党政権から米政府に県外移設を正式に提案することはなかった。(敬称略)

3面に続く

HIV感染血液輸血
安全検査すり抜け、数人に

エイズウイルス(HIV)に感染した献血者の血液が日赤の安全検査をすり抜け、患者数人に輸血されていたことが25日、関係者への取材で分かった。厚生労働省と日赤が輸血を受けた患者の感染の有無を調べている。(6面に関連)

2003年に発覚した輸血によるHIV感染事例を受け、日赤が安全対策を強化して以降、感染者の血液が患者に輸血されたのは初めて。厚労省は26日に血液事業部会運営委員会を開き、対応を協議する。

関係者によると、血液の安全検査で11月、男性献血者のHIV感染が判明した。この男性の前回献血時の保管検体を調べた結果、HIVの遺伝子が検出された。前回献血時の血液は安全検査に合格し、医療機関で数人の患者に輸血されていた。感染初期にはウイルス量が少なく、検査をしても感染が分からない「空白期間」があり、今回もこれがすり抜けの原因となった可能性が高い。

きょうの天気

時	6	9	12	15	18	21	24	気温	風向・風速	波高	あす	気温
	10	10	10	10	10	10	10	21/16	北→北東 12	4→2	30	15
	10	10	10	10	10	10	10	21/17	北→北東 12	4→2	30	17

【概況】沖縄地方は、高気圧に覆われる。本島地方と大東島地方、宮古島地方は一日を通して晴れる。石垣島地方と与那国島地方は日中はおおむね晴れるが、夜は曇り空。各地で風がやや強く、海上は、はじめしけ所がある。最高気温は平年並みかやや低い。(日本気象協会25日18時発表)

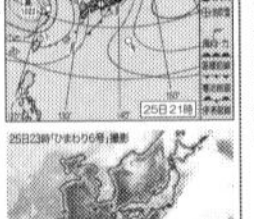

25日21時

25日23時「ひまわり6号」撮影

週間天気【那覇】 数字は降水確率

28(木)	29(金)	30(土)	1(日)	2(月)
50	30	20	20	30

◇洗濯・紫外線指数、全国の天気、あすの風向・風速・波高は3面に
◇各地の日出・日入、潮汐、きのうの気温・天気は27面に

2013年11月26日

金口木舌

米名門オーケストラのコンサート会場で起きたハプニング。演奏中アラーム音が鳴り響き、指揮者は演奏を止めた。音の発生場所周辺の聴衆が携帯電話を触ったところ、音は止まった▼帰宅後に自分の携帯電話が原因と気付いた男性は指揮者に電話し謝罪した。「楽団員や聴衆が私を許してくれますように」。演奏中はマナーモードにしていたが、目覚まし機能はオンのままだった▼マナー違反にはいろいろあるが、携帯電話の使い方ほど近年、モラルの必要性が高まっているものはないだろう。機能豊かなスマートフォンの普及もあり、画面との"にらめっこ"は至る所で見られる光景になった▼県内高校生が自ら作った「ちゅらマナーハンドブック」は6項目中3項目を携帯マナーに割く。「ながら携帯は危険!」と題し、痴漢やひったくりに遭う危険や自転車運転の事故を例に挙げる▼一方の大人社会。車の運転中の携帯電話使用が後を絶たない。14年前に道路交通法で禁止規定が設けられたが、県内ではその後も年間1万3千件余が摘発されている。人身事故も今年は10月末現在で49件にも上る▼車社会の沖縄で、ながら携帯の運転は大きな危険を伴う。コンサートと違い、事故はけがばかりか、命さえも奪い去る。学校でのマナー教育もさることながら、肝心の大人が手本を示さなければなるまい。

りゅうちゃんクイズ 1005 スポーツ編

高校《こうこう》野《の》球《きゅう》の九州大会《きゅうしゅうたいかい》で沖縄尚学《おきなわしょうがく》が優《ゆう》勝《しょう》、美里工業《みさとこうぎょう》が準優勝《じゅんゆうしょう》して、共《とも》に春《はる》の甲子園出場《こうしえんしゅつじょう》を確実《かくじつ》にしたよ。県勢《けんせい》の2校出場《こうしゅつじょう》がかなえば何度目《なんどめ》かな。

①初《はじ》めて ②2度目
③3度目《どめ》

★こたえはどこかのページにあるよ。さがしてね★

2013年11月26日――

沖縄選出自民党国会議員公約撤回

社説

犠牲強要は歴史的背信だ　辞職し有権者に信を問え

公約は有権者との約束だ。それを裏切るなら、そもそも公約をする立場に立つべきではない。自民党国会議員三氏が米軍普天間飛行場の辺野古移設容認を表明した。たやすく圧力に屈し、主張を撤回するなら政治家の資格はない。屈服でないと言うなら、容認が正しいと判断した根拠を堂々と有権者に訴え、審判を仰ぐのが筋だ。

いずれにせよ先に容認した二氏を含め、自民党国会議員の五氏全員、職を辞して信を問うべきだ。

首相官邸も自民党本部も「オール沖縄」の民意を知りつつ、力ずくで屈服させた。暴政は植民地扱いに等しく、許しがたい。

✤暴政の先導役

宮崎政久氏は会見で「状況が変化」したと釈明した。だが「変化」したのは党本部の圧力の度合いと宮崎氏の意思だけだ。いったいいつ、世論調査で辺野古移設容認が県民の過半数になったのか。

比嘉《ひが》奈津美氏は「(普天間)固定化の可能性が非常に高いというので(容認を)判断した。県民の命の方が大事だ」と述べた。だが、移設すれば北部の東海岸を垂直離着陸輸送機MV22オスプレイが飛ぶことになる。「県民」の中に東海岸の住民は入らないのか。

国場幸之助《こくばこうのすけ》氏の弁も奇妙だ。確かに石破茂《いしばしげる》幹事長に対し、県外移設の公約について「組織人としてふさわしくなく、何らかの措置があるなら甘んじて受ける」と述べた。だが「辺野古移設も含むあらゆる可能性を排除しない」のだから、辺野古容認には変わりない。

「県外移設はあり得ない」と主張する政府・与党の説得に応じ、「辺野古移設実現に全力を尽くす」と発表する会見に同席しておいて、「県外を求める公約は変えない」と言うのは無理がある。

国会議員に政府・与党が次に求めるのは、辺野古埋め立て申請を承認するよう仲井真弘多知事を説得する役であろう。

沖縄の有権者たちから票と信頼を得た議員たちが、政府・与党の先導役として沖縄に基地を押しつける作業にいそしむのか。議員たちが自らの保身のため、沖縄に犠牲を強要する姿を見るのは悲しい。

森本敏前防衛相は普天間基地の移設先について「軍事的には沖縄でなくてもよいが、政治的には沖縄が最適の地域だ」と述べ、海兵隊の常駐場所は沖縄でなくてもよいと暴露した。

基地に反対する本土の民意は重く見るが、沖縄の民意は無視していいということだ。本土のために沖縄は犠牲になれというに等しい。

✤分断統治

その犠牲強要のシステムに県民は気付いた。だからこそ普天間の県内移設に全市町村長が反対し、全市町村議会と県議会が反対決議をした。そこへ政府・与党が分断のくさびをうちこんだのだ。

古今、植民地統治の要諦は「分断統治」（ｄｉｖｉｄｅ　ａｎｄ　ｒｕｌｅ）とされる。

支配層が、支配される側をいくつかのグループに分け、対立をあおり、分裂・抗争させることで統治の安定を図る仕組みのことだ。支配層は善意の裁定者のごとく、涼しい顔をしていられる。

沖縄の世論が割れていればいるほど、政府・与党と防衛・外務官僚はそのような「高み」にいられるわけだ。今回、その分断統治の試みは成功しつつある。

国会議員たちは、沖縄を代弁するのでなく沖縄に犠牲を強要する側についてしまった。民意に背いただけでなく、沖縄戦の犠牲者たちへの歴史的背信でもある。

この局面で、政府と自民党本部の狙いはもう一つあろう。沖縄に抵抗は無駄だと思わせることだ。力ずくで公約を撤回させたのは、沖縄に無力感を植え付け、抵抗の気力を奪おうとしているのだ。

だがそれはまた、彼らが沖縄の抵抗を恐れていることの裏返しでもある。当然だ。日本が民主主義を標榜する以上、主張の正当性は沖縄の側にあるのだから。

沖縄の将来像を決めるのは自民党本部や首相官邸ではなく、沖縄の民意だ。その正当性を自覚したい。

ニュースや情報提供 098(865)5158
広告のお申し込み (0120)415059
購読・配達の問い合わせ (0120)395069
本社事業案内 098(865)5256
読者相談室 098(865)5656

琉球新報
THE RYUKYU SHIMPO
第37701号

(日刊)
2013年（平成25年）
12月28日土曜日
[旧11月26日・赤口]
発行所 琉球新報社
〒900-8525那覇市天久905番地
電話 098(865)5111

辺野古埋め立て承認

知事「環境基準に適合」

公約違反否定 辞任言及せず

政府、来年3月測量開始

仲井真弘多知事は27日、那覇市の知事公舎で記者会見し、政府が米軍普天間飛行場の移設に向け申請した名護市辺野古沿岸部の埋め立てを承認したことを正式に発表した。承認の理由について知事は「現段階で取り得ると考えられる環境保全措置などが講じられており、（公有水面埋立法の）基準に適合していると判断した」と説明し、県民の理解を求めた。菅義偉官房長官は同日の記者会見で「速やかに準備に入り工事に着手する」と述べた。政府は、来年3月ごろ測量調査を開始する意向だ。知事の承認に県民の反発は高まっており、移設の実現は事実上、困難な情勢だ。

2、3、5、6、7、9、12、22、23、28、29、30面に関連

米軍普天間飛行場移設に伴う名護市辺野古埋め立て申請の承認を正式に表明する仲井真弘多知事＝27日午後3時16分、那覇市寄宮の知事公舎

知事は会見で、普天間飛行場の県外移設を求めていた自身の選挙公約との整合性に関し、「県外の既に飛行場のある場所へ移設するのが最も早いという私の考えは変わらない」とし、公約違反に当たらないとの認識を強調。「辺野古移設を実行するにしても、暫定的だったとしても、考え得る県外移設案を全て検討し、5年以内の運用停止を図る必要がある」と指摘した。

仲井真知事は「安倍内閣の沖縄への思いはかつてのどの内閣にも増して強い」と述べ、沖縄振興予算の増額や基地負担軽減策などを高く評価した。

その上で知事は承認の責任を取って辞任する考えはないことも明らかにした。

埋め立て承認に当たり、県は「実施設計に基づき環境保全対策、環境監査調査、事後調査などについて詳細を検討し、県と協議すること」との留意事項を付けた。

知事は同日午前、埋め立て申請を正式に承認。県は午前9時40分ごろ、知事の公印が押された承認書を県庁から埋め立て事業者の沖縄防衛局に送達。10時50分ごろ防衛局が受領した。

安倍首相は同日午後、首相官邸で記者団の取材に応じ「知事の英断に感謝申し上げたい」と歓迎。普天間の5年以内の運用停止など負担軽減策については「知事との約束は県民との約束だ。できることは全てやる」としたが、具体策は示さなかった。

一方、県議会野党4会派は臨時会開会を請求した。最短で1月9日の開会とみられる。臨時会で仲井真知事の埋め立て承認説明を求める方向で、7日に与野党の各派代表者会議で協議する。

天気、金口木舌は3面 テレビ面は24面に移しました

名護市長 意見反映なしを批判

「絶対認めない」

仲井真弘多知事の埋め立て承認に「市の意見が反映されていない」と批判する稲嶺進名護市長＝27日午後、名護市大中

【名護】名護市の稲嶺進市長は27日、仲井真弘多知事が米軍普天間飛行場の辺野古移設に向けた埋め立てを承認したことを受けて記者会見し、「（移設に反対する）民意とは違う。頭越しだ。名護市の意見は全く反映されていない」と知事判断に強く反発した。

稲嶺市長には知事から午前11時5分、電話があり、承認が伝えられた。市長は「残念至極です」と話したという。市は同日、市長名で知事の承認に対する抗議文書を送付した。

その上で稲嶺市長は「辺野古移設は絶対に認めるわけにはいかない」と移設に強く反対する考えをあらためて強調した。県外移設を公約に掲げてきた知事の承認に対し「県外移設を求めながら、承認の印鑑を押すというのは矛盾だ。筋が通らない」と指摘した。

抗議文は知事の承認決定に対し、「知事の強い言葉を信じてきた県民を三度失意のどん底に突き落とした」と批判。「政府の（移設）強行に知事がくみした。市民の生命財産を預かる立場から到底受け入れられない」と強く抗議した。

社説

知事埋め立て承認

即刻辞職し信を問え

民意に背く歴史的汚点

仲井真弘多知事が、米軍普天間飛行場の名護市辺野古移設に向けた政府の埋め立て申請を承認した。「県外移設」公約の事実上の撤回だ。大多数の県民の意思に反する歴史的汚点というべき政治決断であり、断じて容認できない。

知事は、2010年知事選で掲げた「県外移設」公約の撤回ではないかとの記者団の質問に対し「公約を変えたつもりはない」と述べた。しかし、どう考えても知事の説明は詭弁《きべん》だ。政府も当然、知事判断を辺野古移設へのゴーサインと受け止めるだろう。知事は責任を自覚して即刻辞職し、選挙で県民に信を問い直すべきだ。

見苦しい猿芝居

知事の声明は法律の適合性についての根拠が曖昧なほか、安倍政権の基地負担軽減策を恣意《しい》的に評価しており、詐欺的だと断じざるを得ない。

安倍政権の沖縄に対する思いを「かつてのどの内閣にも増して強い」と評価した。政権与党が自民党の県関係国会議員や県連に圧力をかけ「県外移設」公約を強引に撤回させたことなどまるで忘却したかのようだ。知事の政権評価は、県民の共感は到底得られまい。

首相が示した基地負担軽減策で、普天間飛行場の5年以内の運用停止は「認識を共有」との口約束であり、日米地位協定は抜本改定ではなく新たな特別協定締結に向けた「交渉開始」と述べただけだ。

米海兵隊輸送機MV22オスプレイについても、訓練の移転にすぎず沖縄への24機の常駐配備に何ら変化はない。要するに負担軽減の核心部分は、実質「ゼロ回答」なのだ。辺野古移設反対の県民意思を顧みない知事判断は、県民の尊厳を著しく傷つけるものだ。

日米両国が喧伝《けんでん》する自由・民主主義・基本的人権の尊重という普遍的価値の沖縄への適用を、知事自ら取り下げるかのような判断は、屈辱的だ。日米の二重基準の欺まん性を指摘し「沖縄にも民主主義を適用せよ」と言うのが筋だ。

知事の埋め立て承認判断は、基地問題と振興策を取引したこと一つを取っても、国内外にメディアを通して「沖縄は心をカネで売り渡す」との誤ったメッセージを発信したに等しく、極めて罪深い。

辺野古移設で取引するのは筋違いだ。振興策も基地負担軽減も本来、国の当然の責務だ。その過大評価は県民からすれば見苦しい〝猿芝居〟を見せられるようなものだ。

再び「捨て石」に

知事は25日の安倍首相との会談の際、「基地問題は日本全体の安全保障に役立ち、寄与しているという気持ちを持っている。われわれは今（政権の）応援団。ありがとうございます」とも述べた。

強烈な違和感を禁じ得ない。沖縄戦でおびただしい数の犠牲者を出した沖縄の知事が悲惨な歴史を忘却し、軍事偏重の安全保障政策に無批判なまま、沖縄の軍事要塞《ようさい》化を是認したに等しい妄言である。今を生きる県民だけでなく、無念の死を遂げた戦没者、次世代をも冒涜《ぼうとく》する歴史的犯罪と言えよう。

知事の言う「応援団」の意味が、軍事を突出させる安倍政権の「積極的平和主義」へ同調し「軍事の要石」の役割を担う意思表明であるならば看過できない。沖縄戦で本土防衛の「捨て石」にされた県民が、再び「捨て石」になる道を知事が容認することは許されない。

知事の使命は、県民の生命、財産、生活環境を全力で守り抜くことであるはずだ。知事は県民を足蹴《あしげ》にし、県民分断を狙う日米の植民地的政策のお先棒を担いではならない。

県民大会実行委員会や県議会、県下41市町村の首長、議長ら県民代表が「建白書」として首相に突きつけたオール沖縄の意思は、普天間飛行場の閉鎖・撤去と県外移設推進、オスプレイ配備の中止だ。県民を裏切った知事の辞職は免れない。

2013年12月28日――

仲井真知事公約破棄、埋め立て承認

社説

即刻辞職し信を問え 民意に背く歴史的汚点

仲井真弘多知事が、米軍普天間飛行場の名護市辺野古移設に向けた政府の埋め立て申請を承認した。「県外移設」公約の事実上の撤回だ。大多数の県民の意思に反する歴史的汚点というべき政治決断であり、断じて容認できない。

知事は、2010年知事選で掲げた「県外移設」公約の撤回ではないかとの記者団の質問に対し「公約を変えたつもりはない」と述べた。しかし、どう考えても知事の説明は詭《き》弁《べん》だ。

政府も当然、知事判断を辺野古移設へのゴーサインと受け止めるだろう。知事は責任を自覚して即刻辞職し、選挙で県民に信を問い直すべきだ。

✤見苦しい猿芝居

知事の声明は法律の適合性についての根拠が曖昧《あいまい》なほか、安倍政権の基地負担軽減策を恣意《しい》的に評価しており、詐欺《さぎ》的だと断じざるを得ない。

安倍政権の沖縄に対する思いを「かつてのどの内閣にも増して強い」と評価した。政権与党が自民党の県関係国会議員や県連に圧力をかけ、「県外移設」公約を強引に撤回させたことなどまるで忘却したかのようだ。知事の政権評価は、県民の共感は到底得られまい。

首相が示した基地負担軽減策で、普天間飛行場の5年以内の運用停止は「認識を共有」との口約束であり、日米地位協定は抜本改定ではなく新たな特別協定締結に向けた「交渉開始」と述べただけだ。

米海兵隊輸送機MV22オスプレイについても、訓練の移転にすぎず沖縄への24機の常駐配備に何ら変化はない。要するに負担軽減の核心部分は、実質「ゼロ回答」なのだ。辺野古移設反対の県民意思を顧みない知事判断は、県民の尊厳を著しく傷つけるものだ。

日米両国が喧伝する自由・民主主義・基本的人権の尊重という普遍的価値の沖縄への適用を、知事自ら取り下げるかのような判断は、屈辱的だ。日米の二重基準の欺瞞《ぎまん》性を指摘し「沖縄にも民主主義を適用せよ」と言うのが筋だ。

知事の埋め立て承認判断は、基地問題と振興策を取引したこと一つを取っても、国内外にメディアを通じて「沖縄は心をカネで売り渡す」との誤ったメッセージを発信したに等しく、極めて罪深い。

辺野古移設で取引するのは筋違いだ。振興策も基地負担軽減も本来、国の当然の責務だ。その過大評価は県民からすれば見苦しい〝猿芝居〟を見せられるようなものだ。

✤再び「捨て石」に

知事は25日の安倍首相との会談の際、「基地問題は日本全体の安全保障に役立ち、寄与しているという気持ちを持っている。われわれは今（政権の）応援団。ありがとうございます」とも述べた。

強烈な違和感を禁じ得ない。

沖縄戦でおびただしい数の犠牲者を出した沖縄の知事が悲惨な歴史を忘却し、軍事偏重の安全保障政策に無批判なまま、沖縄の軍事要塞化を是認したに等しい妄言《もうげん》である。今を生きる県民だけでなく、無念の死を遂げた戦没者、沖縄の次世代をも冒涜《ぼうとく》する歴史的犯罪と言えよう。

知事の言う「応援団」の意味が、軍事を突出させる安倍政権の「積極的平和主義」へ同調し、「軍事の要石」の役割を担う意思表明であるならば看過《かんか》できない。沖縄戦で本土防衛の「捨て石」にされた県民が、再び「捨て石」になる道を知事が容認することは許されない。

知事の使命は、県民の生命、財産、生活環境を全力で守り抜くことであるはずだ。知事は県民を足蹴にし、県民分断を狙う日米の植民地的政策のお先棒を担いではならない。

県民大会実行委員会や県議会、県下41市町村の首長、議長ら県民代表が「建白書」として首相に突きつけたオール沖縄の意思は、普天間飛行場の閉鎖・撤去と県外移設推進、オスプレイ配備の中止だ。

県民を裏切った知事の辞職は免れない。

ニュースや情報提供 098(865)5158
広告のお申し込み (0120)415059
購読・配達の問い合わせ (0120)395069
本社事業案内 098(865)5256
読者相談室 098(865)5656

琉球新報
THE RYUKYU SHIMPO
第37703号

（日刊）
2013年（平成25年）
12月30日月曜日
[旧11月28日・友引]
発行所 琉球新報社
〒900－8525那覇市天久905番地
電話 098（865）5111

知事承認不支持61%

「公約違反」72%

辺野古埋め立て

琉球新報社・OTV世論調査

政府手法批判73%

琉球新報社は沖縄テレビ放送（OTV）と合同で28、29の両日、緊急の県内電話世論調査を実施した。仲井真弘多知事が米軍普天間飛行場の名護市辺野古移設に向けた埋め立てを承認したことについて、「支持しない」と回答したのは計61・4%に上り、支持するとした計34・2%を大きく上回った。県外移設を公約に掲げる知事の埋め立て判断を公約違反としたのは計72・4%に達した。自民党の地元国会議員や県連に圧力をかけ、県外移設から公約を方針転換させた政府・自民党の姿勢に「納得できない」としたのは72・6%。知事の埋め立て承認に反発し、公約違反だとみなす意見が大半を占める一方、安倍政権の強引な手法を批判する世論が浮き彫りになった。

2、3面に詳報、23面に関連

普天間飛行場の返還・移設問題をどう解決すべきかについては県外・国外、無条件閉鎖・撤去を求め、県内移設に反対する意見が計73・5%に達した。辺野古移設の支持は15・9%、辺野古を含めた県内移設支持は22・6%にとどまった。

仲井真知事を「支持する」との回答は38・7%にとどまり、不支持の53・9%が大きく上回った。

一方、安倍内閣の支持率は37・1%で、不支持率は54・8%で県内では不支持率が上回った。

仲井真知事が安倍晋三首相に求めた「普天間飛行場の5年以内の運用停止」など米軍基地の負担軽減策に関する要望に対し、政府が示した負担軽減策を「評価する」としたのは28・2%にとどまった。「評価しない」は69・2%に達した。

仲井真知事の埋め立て承認について「支持しない」が39・6%と最も多く、「どちらかと言えば支持しない」21・8%、「どちらかと言えば支持する」18%、「支持する」16・2%―と続いた。「分からない・無回答」は4・4%。

仲井真知事の判断について「公約違反と言われても仕方がない」が42・5%で最も多く、「公約違反」29・9%、「公約違反とまでは言えない」16・7%、「公約違反には当たらない」7・7%―と続いた。「分からない・無回答」は3・2%だった。

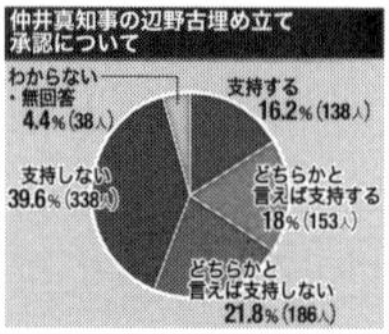

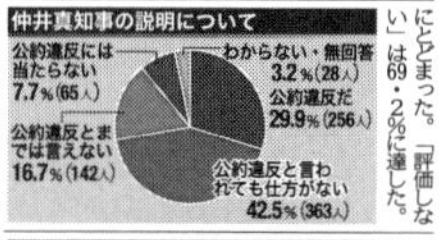

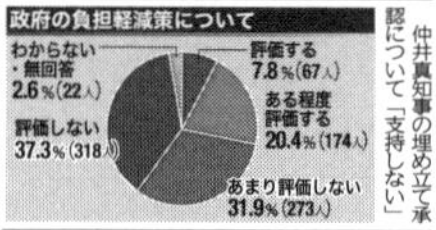

調査方法

調査は28、29日の2日間、県内の20代以上の男女を対象に、コンピューターで無作為に電話番号を発生させて電話をかけるRDD（ランダム・デジット・ダイヤリング）法で実施した。電話帳に番号を載せていない人も調査が可能で、性別、年代別など有権者の縮図に合わせた精度の高い調査ができる。有権者のいる世帯にかかったのは1556件で、うち854件から回答を得た。

全国は知事評価56%

オスプレイ訓練沖縄外71%

共同通信調査

共同通信社が28、29両日に実施した全国緊急電話世論調査によると、安倍晋三首相による靖国神社参拝に関連して、外交関係に「配慮する必要がある」との回答が69・8%と、「配慮する必要はない」の25・3%を大きく上回った。中韓両国や米国など国際社会が厳しく反応していることに有権者が憂慮している状況が浮き彫りになった。

（5面に関連）

首相参拝について「よかった」との回答は43・2%だったのに対し、「よくなかった」は47・1%と、批判的な意見が多かった。安倍内閣の支持率は55・2%と、今月22、23両日に行った前回調査に比べ1・0ポイント増の横ばい。不支持率は32・6%（前回33・0%）だった。

首相参拝を「よかった」と答えた理由で最も多かったのは「首相が靖国神社で戦没者を慰霊するのは当然だから」の48・6%、「よくなかった」で最も多い理由は「近隣諸国との関係に影響するから」の74・2%だった。新たな戦没者追悼施設の設置に賛成は54・6%で、反対は32・9%。東京裁判のA級戦犯を靖国神社から分祀することには「分祀した方がよい」と回答した人は49・0%、「分祀しない方がよい」は34・6%だった。

米軍普天間飛行場の名護市辺野古沿岸部への移設については賛成が49・8%と、反対の33・6%を上回った。仲井真弘多知事が政府の埋め立て申請を承認したことを「評価する」との回答は56・4%で、「評価しない」は30・7%だった。

基地負担軽減のため、米軍新型輸送機オスプレイの訓練を沖縄県以外の自治体が受け入れるべきだとの回答は71・2%と多数を占めた。

尖閣領海に中国船

首相靖国参拝後初

29日午後2時ごろ、尖閣諸島周辺の領海に中国海警局の船3隻が相次いで侵入、航行した後、午後5時ごろまでに領海外に出た。海上保安庁の巡視船が確認した。

中国当局の船による領海侵入は今月22日以来で、安倍晋三首相による26日の靖国神社参拝後は初めてとなる。中国当局の船による領海侵入は昨年9月の尖閣国有化以降、計74日となった。

政府は領海侵入を受け、首相官邸の情報連絡室を官邸対策室に格上げした。

きょうの天気

	6時	9	12	15	18	21	最高/最低	風向き 風速/波高	あす	あす最高/最低
北部	20	20	30	30	30	30	18/13	北 8 2.5→1.5	30	18/14
中南部	20	20	30	30	30	30	18/15	北 8 2.5→1.5	30	19/14
久米島	20	20	30	30	30	30	17/14	北 8 2.5→1.5	30	19/15
大東島	20	20	20	20	20	20	20/14	北→北西 7 2.5→1.5	40	21/14
宮古島	60	60	60	60	30	30	19/16	北東 11 2.5→2	30	19/16
石垣島	50	50	50	50	30	30	20/16	北東 10 2.5	30	20/17
与那国	50	50	40	40	30	30	18/17	北東→北 11 2.5	30	19/17

のち 一時・時々 最高気温 最低気温 風向き 風速 波高 天気マーク下の数字は降水確率

【概況】沖縄地方は、気圧の谷の影響を受ける。雲が広がり、先島地方では雨が降る。外出の際は雨具を。北よりの風が吹き、先島地方ではやや強い。海上は八重山地方は波が高く、本島地方と大東島地方、宮古島地方ははじめ高い。最高気温は平年より低い。（日本気象協会29日18時発表）

きょうの暦［那覇］
月齢27.1（中潮）
日出 07:16 満潮 05:46
日入 17:47 17:02
月出 04:33 干潮 11:12
月入 15:39 23:53

週間天気［那覇］ 数字は降水確率
1（水）	2（木）	3（金）	4（土）	5（日）
20	40	60	40	30

◇洗濯・紫外線指数、全国の天気、あすの風向・風速・波高は3面に
◇各地の日出・日入、潮汐、きのうの気温・天気は19面に

2013年12月30日

金口木舌

今年も残すところ2日。この1年、たくさんの人々の喜怒哀楽が紙面を彩った。ハッピーニュースの一つに挙げたいのが、本紙エッセー『おはなしありんくりん』を執筆した伊是名夏子さんが今夏、男児を出産したという記事だ▼那覇市出身の夏子さんは、生まれつき骨が折れやすい骨形成不全症で日常生活では車いすが欠かせない。現在は香川県で子育てに励んでいる▼7人のヘルパーを利用している。「助けがあればできることを、助けがないという理由で諦めざるを得ないことは悲しい」。以前から将来の子育てを意識してヘルパーを活用し、子育て環境をつくってきた▼福祉サービスは自治体によって違う。「自ら学ばないと。役所に行っても教えてくれない」と夏子さん。「洗顔には10分必要だ」など何を支援してほしいか明確に伝え、交渉することが大事だと言う。国内外の福祉の先進地と言われる街で障がいを持った人たちとの出会いから学び、力にしてきた▼「ヘルパーの使い方を小中学校の段階から教えることはできないか」と提案する。そうなれば、障がいを持った子が社会に出た時の暮らしが想像しやすい。家族任せではない、福祉の在り方を考えるきっかけになるはずだ▼夏子さんのまなざしは多くの気付きを教えてくれる。子育てから感じ取った思いをこの先どう発信していくのか。とても楽しみだ。

りゅうちゃんクイズ 1037 文化編
四大歌劇《よんだいかげき》に数《かず》えられる、親泊興照《おやどまりこうしょう》が1930年代《ねんだい》に作《つく》った沖縄芝居《おきなわしばい》は？
①久米島情話《くめじまじょうわ》
②中城情話《なかぐすくじょうわ》
③二見情話《ふたみじょうわ》
★こたえはどこかのページにあるよ。さがしてね

2013年12月31日――知事の辺野古埋め立て承認と世論

社説

「もう、だまされない」 底堅い辺野古ノーの民意

「もう、だまされない」。沖縄の未来に禍根を残す県知事の背信と政府の対応の欺瞞《ぎまん》性を、県民は冷静かつ毅然と受け止めている。

仲井真弘多知事が、米軍普天間飛行場の移設先の名護市辺野古埋め立て申請を承認したことを受けた緊急県民世論調査で、「支持しない」が61・4%に上り、「支持する」は34・2%だった。

普天間問題の解決手法を問うと、県外・国外移設、無条件閉鎖・撤去が計73・5%を占め、辺野古移設は15・9%にすぎなかった。県内への新たな基地建設を拒む民意は岩盤のように底堅い。

7割を超える住民が反対する辺野古移設の強行は不可能だ。

✤安倍政権の狙い不発

知事再選時に「県外移設」を掲げていた仲井真知事の承認判断を、公約違反とみなす回答は72・4％に上った。知事の支持率は過去最低の28・7％に下がり、不支持率は53・9％で、5割を超えた。

最大懸案である普天間問題で、沖縄県政の舵取り役が有権者との契約である公約をいともたやすく放棄したことに、大多数の県民が失望し、憤っている。

辺野古埋め立てにお墨付きを与えつつ、「県外移設」の公約を維持しているという詭弁《きべん》は破綻《はたん》し、知事の主張が通用しないことが明白となった。

基地問題で沖縄の県益に沿った主張をする知事は、保革を超えて高い支持率を獲得する傾向にあるが、今回の支持率急落は、歴史の歯車を逆に回して期待を裏切ったことへの拒絶反応だ。知事は、県民世論の厳しさを自覚すべきだ。

残り任期が1年を切った仲井真知事は「公約違反」を否定し続ける限り、さらに求心力を失い、「死に体」に近づくだろう。

注目されるのは、自民党県連と所属国会議員、仲井真知事に圧力をかけ、県外移設の公約を撤回させた政府・自民党の対応に関し、「納得できない」が7割を超え、安倍政権への不支持率が54・8％を記録したことだ。

国会議員に離党勧告をちらつかせて屈服させた政府・自民党の対応は、「21世紀の琉球処分」とも称される。沖縄の「自己決定権」を踏みにじり、屈従《くつじゅう》を強いた安倍政権の強権性は見透かされ、県民に諦めを植え付けようとした狙いは完全に外れた。

安倍首相が知事との会談で示した基地負担軽減策については、評価しないが約7割に上った。

仲井真知事は「普天間飛行場の5年以内の運用停止」などについて、「最大限努力する」という首相の発言を確約とみなすが、県民はその実現性を既に見限っている。

✤効力失う「アメとムチ」

1999年、稲嶺恵一知事が移設先に辺野古を選定し、岸本建男名護市長が受け入れた際に繰り出した15年使用期限の条件は、日米政府内で一顧だにされなかった。基地負担軽減の核心的な要求がはぐらかされ、消えていった経緯を知る県民は、あらためて政府への不信感を呼び起こされた。

安倍首相が、2021年度までの3千億円台の沖縄振興予算を約束し、「空手形」との批判を浴びながら示した基地負担軽減策は、沖縄に対する新たなアメの性格をまとっている。その一方で、安倍政権は辺野古移設を強いるムチを猛然としならせ、仲井真知事はそれに陥落した。

だが、主権者である県民は、基地受け入れの代償として沖縄振興予算を手当てする「補償型安保維持施策」、アメとムチの沖縄懐柔策の効力が失われていることを深く認識している。

一方、共同通信の全国世論調査では、対照的に知事の埋め立て承認への評価が56%、辺野古推進への支持が49%に上った。

沖縄に基地を押し付けて、平然と安全保障の恩恵を受ける国民が多数を占める現実がある。この「人ごとの論理」が息づいていても、地元沖縄の県内移設ノーと政権批判の強固な民意は、辺野古埋め立てを強いる安倍政権に立ちはだかる大きな障壁となるだろう。

2014年1月3日——

沖縄の自己決定権

社説

民意の力で尊厳回復を 国連で不当性訴えよう

ウチナーンチュの多くがわだかまりを抱えたままの年明けであったろう。仲井真弘多知事のあの詭弁《きべん》だらけの会見から5日足らずで、新年を迎えざるを得なかった。

琉球・沖縄史を通じ、沖縄に犠牲を強要する側におもねり、喜々として沖縄を差し出すかのような人物が、沖縄を代表する立場だったことは一度もない。だから、あの知事の姿は信じがたかった。

だが沖縄は過去17年も埋め立てを許していない。そもそも沖縄の戦後史ほど、意思的に民主主義を獲得し、自力で尊厳を回復してきた歴史は、世界的に見てもそうない。沖縄の民意の力を信じよう。

✤無力感は思うつぼ

確かに、「有史以来の予算」と手放しで政府を持ち上げる知事のあの姿は、直視しがたいものだった。首相官邸のホームページは、沖縄を「乞食《こじき》」「ゆすりたかり」呼ばわりする書き込みにあふれた。

沖縄への国民的同情という政治的資源は知事自身の手で失われた。県民の尊厳を傷つけた責任も重い。もっと罪深いのは県民を分断し、無力感に陥らせたことだ。

歴史的に見ると沖縄は始終このような分断工作にさらされてきた。米軍統治下では米国によって、復帰後は日本政府によって。もっと言えば薩摩侵攻以来でもある。世界史的に見れば植民地は常にそうだ。

宗主国《そうしゅ》にとっては、被植民者が仲間割れしていれば抵抗力が弱まるから好都合である。沖縄は定石《じょうせき》通りの展開だったのだ。

しかし戦後の沖縄はそれを見事にはね返してきた。島ぐるみ闘争、主席公選、そして復帰。民主主義を獲得し、それを駆使して権利と尊厳を勝ち取ってきたのだ。

中でも特筆すべきは立法院1962年2・1決議だ。1960年国連総会の「植民地主義無条件終止宣言」を引用し、国連加盟国に沖縄の不当な状況へ注意を喚起する内容だった。国連の宣言や国際法を調べ、決議を練り上げる。そんな能力が当時、日本のどこの議会にあっただろう。

今、県内には怒りと諦めが交錯している。だがこの無力感こそ、沖縄に犠牲を強いたい日米両政府の思うつぼである。国際社会の関心を招いて打開を図る。先人のそうした先見性と自主性に学びたい。

今こそ国際社会に訴えるときだ。われわれだけでなく次世代の、子や孫の命と尊厳がかかっているからだ。日米両政府が沖縄に差別と犠牲を強いる姿勢を変えようとしないから、政府任せで打開はあり得ない。解決策は沖縄の自己決定権回復しかない。

✤普遍的価値

犠牲の強要をはね返す論理なら、国際法に根拠は数多くある。

ハーグ陸戦条約（戦時国際法）46条は私有財産の没収禁止をうたう。略奪は厳禁だ。沖縄戦から68年、新基地を造れば1世紀を優に超える。これほど長期の占領は没収に等しい。圧倒的民意を踏みにじる基地新設も略奪に近い。

1966年の国際人権規約第1条には「すべての人民は自決の権利を有する」とある。1979年には日本も批准《ひじゅん》した。そうであれば、沖縄にとって死活的に重要なことは沖縄の民意に従うのが理にかなう。沖縄の土地と空と海は、沖縄自らが自由に使えるべきだ。

沖縄は、自由と民主主義が普遍的価値であるとの価値観に立っていると言い換えてもいい。米国はこの価値観を共有していないのか。日本政府はどうか。沖縄の代表が国連へ行き、これらを訴えるのは効果的なはずだ。

2014年9月、スコットランドは英国からの独立の是非を問う住民投票を行う。スペインのカタルーニャでも投票の動きがある。グアムも米国との自由連合盟約か州昇格か独立かの選択を模索する。

沖縄でも自治州や道州制などの構想が、復帰後連綿として続いてきた。独立研究学会も発足した。いずれにせよ、自己決定権を拡大しない限り、幸福追求はなしえない。差別的処遇を撤回させ、自らの尊厳を取り戻そう。

（1） 総合 1版 （1968年2月2日第3種郵便物認可）

ニュースや情報提供 098（865）5158
広告のお申し込み （0120）415059
購読・配達の問い合わせ （0120）395069
本社事業案内 098（865）5256
読者相談室 098（865）5656

琉球新報
THE RYUKYU SHIMPO
第37723号

（日刊）
2014年（平成26年）
1月20日 月曜日
［旧12月20日・先勝］

発行所 琉球新報社
〒900－8525那覇市天久905番地
電話 098（865）5111

稲嶺氏再選

辺野古移設を拒否

名護市長選 末松氏と4155票差

安倍政権に打撃

【名護市長選取材班】米軍普天間飛行場の名護市辺野古移設問題が最大の争点となった名護市長選は19日に投開票され、移設の阻止を訴えた無所属現職の稲嶺進氏(68)＝社民、共産、社大、生活推薦＝が1万9839票を獲得し、移設推進を掲げた無所属新人の末松文信氏(65)＝自民推薦＝に4155票差をつけ大勝した。日米両政府が進める辺野古移設に、名護市民があらためて「ノー」の審判を示した。市長権限を最大限に使って阻止すると明言する稲嶺氏の再選で、辺野古移設は事実上困難となり、安倍政権に大きな打撃となった。

2、3、32、33面に関連、4、5面に特集 動画

名護市長選で再選を果たし、支持者らと万歳三唱する稲嶺進氏（中央）＝19日午後9時41分、名護市大中

今回の市長選は移設問題で候補者の主張が「阻止」「推進」と初めて明確に分かれて争われた。安倍政権が移設作業を強権的に進めようとする中、国の埋め立て申請を承認した仲井真弘多知事の判断も含め、名護市民は移設拒否の意思を示したと言える。

埋め立てを承認した知事に対しては県議会が10日、辞任要求決議を可決している。知事は市長選で移設推進の末松氏を支援していたが、結果を受けて今後の求心力低下は必至だ。11月予定の知事選を前に県内政局の流動化も予想される。

稲嶺氏は1期目から「海にも陸にも基地は造らせない」と主張。今回の選挙戦では「自然を守るため、未来の子どものために」と新基地建設反対を訴え、革新勢力や無党派、女性に支持を広げた。6次産業化の推進や教育・福祉面での施策など4年間の実績もあり、一部保守層も取り込んだ。

末松氏は政府・自民党本部、知事の応援を得て、移設推進による再編交付金や北部振興事業の獲得・増額による市民福祉向上を訴えたが、届かなかった。

名護市の当日有権者数は4万6582人（男性2万2832人、女性2万3750人）。投票総数は3万5733人で投票率は4年前の前回並みの76・71％だった。有効投票数は3万5523。無効票は210。

2014年名護市長選挙得票数		
	投票率76.71	
当 稲嶺《いなみね》 進《すすむ》氏（68）	無所属現職 社民、共産、社大、生活推薦	19,839票
末松《すえまつ》 文信《ぶんしん》氏（65）	無所属新人 自民推薦	15,684票

市民の良識示した

稲嶺進氏の話 市民の良識を示していただいた。ご支援、ご支持が日ごとに高まり全身で受け止めた。本当にありがとう。知事は辺野古埋め立てを承認したが、市長として市民の安心、安全、財産を守る責務を果たすべく、先頭に立つことを約束する。

稲嶺 進氏（いなみね・すすむ） 45年7月17日生まれ、68歳。名護市三原出身。琉球大卒。72年名護市役所入り。総務部長、収入役、教育長を歴任。名護市体育協会事務局長、理事長も務めた。10年1月の市長選で初当選。

名護市長選

知事、辞任「全くない」
埋め立て承認見直さず

名護市長選の結果について語る仲井真弘多知事＝19日午後9時50分すぎ、那覇市の知事公舎

仲井真弘多知事は19日夜、米軍普天間飛行場の辺野古移設に反対する稲嶺進氏が再選された名護市長選の結果に関して那覇市の知事公舎で記者会見し、辺野古移設に向けた埋め立てを承認したことに対する責任を取って辞任する考えについては「全くない」と表明した。（4面に一問一答）

埋め立て判断に関しては「もう（埋め立てを）承認したから、今からどうこうはできない」と述べ、自身の姿勢を変えないとの考えを示した。

辺野古移設に強く反対する稲嶺氏の再選については「名護の有権者の意向だから、無論大きい」としつつ、辺野古移設への対応について「埋め立てについて先日承認した。後は代替施設を建設していくのは政府の仕事だ。県がどういう形で具体的に関係してくるかチェックする」と述べるにとどめた。

稲嶺氏が辺野古移設を阻止すると表明していることについては「政府のプロジェクトが、首長の姿勢の影響をそれなりに受けると思う」と語った。

国、方針変わらず
石破氏「厳粛に受け止める」

【東京】米軍普天間飛行場の辺野古移設の是非が争点となった名護市長選の結果について19日、安倍内閣の閣僚らは直接のコメントを控えた。だが政府・与党は、市長選の結果を受けても辺野古移設に向けた作業を進めていく方針は変わらないとしている。

自民党の石破茂幹事長は「有権者の判断を厳粛に受け止め、引き続き沖縄県の振興と発展、基地の負担軽減に全力で取り組む」との談話を発表した。

石破氏は談話で「告示日以降には日増しに市民の支持が高まり、現職を急速に追い上げたが、限られた時間の中で、あと一歩及ばない結果となった」とした。

一方、自民党の河村建夫選対委員長は19日、都内の宿舎で記者団に対し、「県連を挙げて候補を推薦した。知事の（埋め立て承認の）決断を受けた選挙戦で、このような結果になり非常に残念に思っている。厳粛に受け止める」と語った。

河村氏は移設作業への影響について「一つの市民の判断ですから、それは尊重する」としながらも、「知事の判断に委ねられており、（辺野古移設の）政府の考え方と一致している。沖縄の基地負担軽減の第一歩だと位置付けており、その方針は変わらない」と述べ、市長選の結果に左右されず、移設作業を進める意向を示した。

古謝氏、無投票3選
南城市長選

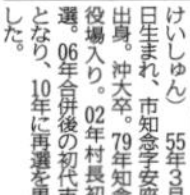

古謝景春氏

【南城】任期満了に伴う、南城市長選挙が19日告示され、無所属で現職の古謝景春氏(58)のほかに立候補の届け出がなく、無投票で3期目の当選を果たした。（2面に関連）

古謝氏は「今回の結果を重く受け止め、市民の先頭に立ち、日本一元気で魅力あるまちづくりに向け、全力で頑張りたい」と抱負を述べた。

同市の市長選が無投票となるのは2006年の合併後初めて。

古謝 景春氏（こじゃ・けいしゅん） 55年3月24日生まれ、市知念字安座真出身。沖大卒。79年知念村役場入り。02年村長初当選。06年合併後の初代市長となり、10年に再選を果たした。

天気は3面に移しました

センター試験 問題と解答9～13面

◇「りゅうちゃんクイズ」は休みます。

金口木舌

「そろそろ車の運転を止めたら?」。私事で恐縮だが、数年前、70代後半を迎えた父に切り出したら、激しい抵抗に遭った▼運転能力の衰えを気遣って進言したつもりだった。しかし、本人にとっては行動範囲が制限される一大事。最終的には運転をやめてくれたが、老いの〝喪失感〟に気付かず、きちんと説得できなかったことが今でも悔やまれる▼高齢ドライバーを事故からどう守るか。4人に1人が65歳以上の高齢社会を迎えた今、社会全体で真剣に考えないといけない大きな課題だ▼運転免許証返納の動きもその一つだろう。しかし「車社会」の沖縄では、車がなければ生活圏が狭まる。高齢者が生きがいの喪失にもつながりかねない。大型店舗が増え、徒歩で行けるマチグヮーが少なくなったことも高齢者の孤立感を深める一因だろう▼茨城県城里町の社会福祉協議会は、町の補助を受けて「ふれあいタクシー」を運営している。予約すると好きな場所まで運行してくれる。普通なら7千円ほどかかる距離でも定額300円の割安料金だ。県内でも、街中を巡回する「ワンコインバス」が増えてほしい。免許証返納を促すだけでなく、積極的な高齢者の外出支援策を県内自治体や福祉団体にも期待したい▼高齢者の〝喪失感〟をしっかり受け止めることが肝心だ。超高齢社会の細やかな支援の在り方を社会全体で考えたい。

2014年1月20日──

名護市長選挙、稲嶺氏再選

社説

誇り高い歴史的審判　日米は辺野古を断念せよ

米軍普天間飛行場の移設問題が最大の争点となった名護市長選で、辺野古移設阻止を主張した現職の稲嶺進氏が、移設推進を掲げた前県議の末松文信氏に大勝し、再選を果たした。

選挙結果は、辺野古移設を拒む明快な市民の審判だ。地域の未来は自分たちで決めるという「自己決定権」を示した歴史的意思表明としても、重く受け止めたい。日米両政府は名護市の民主主義と自己決定権を尊重し、辺野古移設を断念すべきだ。普天間の危険性除去策も、県民が求める普天間飛行場の閉鎖・撤去、県外・国外移設こそ早道だと認識すべきだ。

✤知事不信任

名護の平和と発展、子や孫の未来、持続可能な環境・経済の在り方を見据え、誇りを持って投票した市民に心から敬意を表したい。

稲嶺氏は一貫して「自然と未来の子どもを守るためにも、辺野古に新しい基地は造らせない」と訴えてきた。市民はその決意を信じ、市の発展と、自らや子孫の将来を託したと言っていいだろう。

選挙結果はまた、昨年末に普天間県外移設の公約を反故《ほご》にし、政府の辺野古埋め立て申請を承認した仲井真弘多知事に対する名護市民の痛烈な不信任と見るべきだ。

知事は選挙結果を真摯に受け止め、埋め立て承認を撤回すべきだ。沖縄を分断する安倍政権の植民地的政策に追従するのではなく、民意を背景に県内移設断念をこそ強く迫ってもらいたい。

知事は、辺野古移設への執着は県民への裏切りであり、辞職を免れないと認めるべきだ。県外移設公約を撤回し、民意に背いた県関係の自民党国会議員、自民党県連、市町村長もしかりである。

1996年の普天間返還合意以来、移設問題に翻弄《ほんろう》され苦痛を強いられてきた市民が、自らの意思で日米両政府による犠牲の強要をはね返した。これは子々孫々の代まで誇れる画期的な出来事だ。

選挙戦で自民党側は、移設問題は今選挙で「決着」と訴えていた。ならばその通り、辺野古断念で決着すべきだ。

今後は4万7千市民（有権者）が心を一つに、豊かな自然と文化を誇る山紫水明《さんしすいめい》の里・やんばるの発展に尽くしてほしい。

狭い沖縄で新基地建設が強行されれば、どこであれ過重負担や人権侵害が生じ、生命・財産の脅威が深刻化、固定化することは火を見るより明らかだ。人の痛みをわが事のように受け止め「肝苦さ《ちむぐり》」と表現する県民にとって、基地のたらい回しは耐えがたい。

✤民主主義の適用

普天間飛行場は、米海兵隊輸送機オスプレイ24機が常駐配備され、住民の過重負担がより深刻化している。断じて容認できない。

知事の埋め立て承認直後に琉球新報などが実施した県民世論調査では、県外・国外移設と無条件閉鎖・撤去を合わせて73・5％を占めた。普天間代替基地は認められない。これが沖縄の民意だ。本土住民も人ごとのように傍観するのではなく、普天間の閉鎖・撤去に強力な力添えをしてほしい。

かつては辺野古移設を支持していた複数の米国の外交・安保専門家が見解を変え、「プランB（代替案）」の検討を提案している。ノーベル賞受賞者を含む欧米知識人も辺野古移設に反対している。世界の良識が県民を支持している。

日米は環境の変化を直視すべきだ。沖縄返還という歴史的事業を外交交渉でやり遂げた両国が480ヘクタールの普天間飛行場一つの閉鎖・撤去を決断できないはずはない。

県民は国政選挙や知事選、県議選、市町村長選など民主的手続きを駆使し辺野古移設拒否を表明してきた。世論調査で辺野古移設が過半数を占めたことは一度もない。

安倍晋三首相とオバマ大統領は、諸外国に向かって「自由と民主主義、基本的人権の尊重、法の支配という普遍的価値を共有する」と言う前に、沖縄にも民主主義を適用してもらいたい。

民意の支持なき辺野古移設は実現不可能だ。県内移設を断念するときだ。

沖縄本島の軍事基地

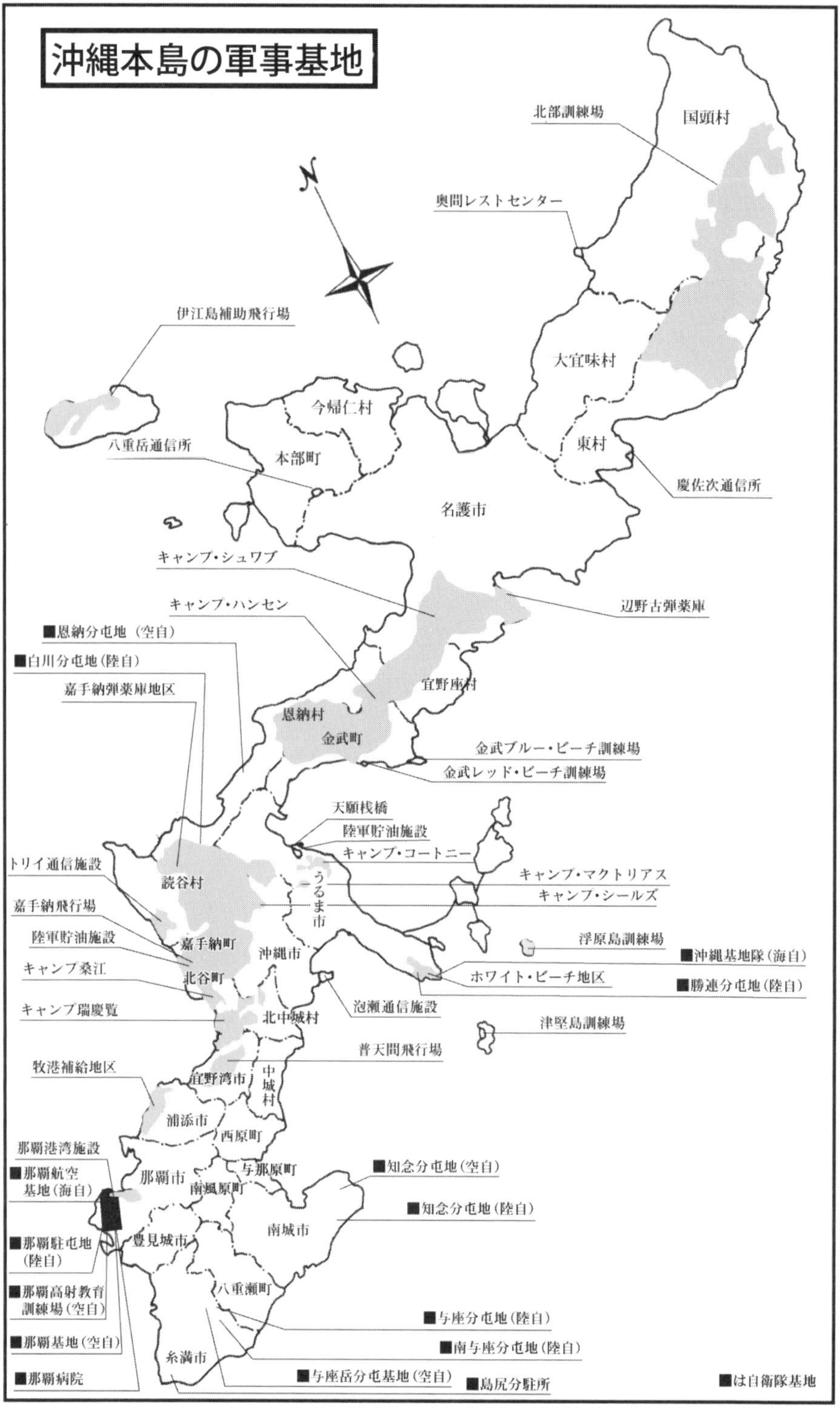
北部訓練場
国頭村
奥間レストセンター
伊江島補助飛行場
大宜味村
今帰仁村
本部町
東村
八重岳通信所
慶佐次通信所
名護市
キャンプ・シュワブ
辺野古弾薬庫
キャンプ・ハンセン
■恩納分屯地（空自）
■白川分屯地(陸自)
嘉手納弾薬庫地区
宜野座村
恩納村
金武町
金武ブルー・ビーチ訓練場
金武レッド・ビーチ訓練場
天願桟橋
陸軍貯油施設
キャンプ・コートニー
トリイ通信施設
読谷村
キャンプ・マクトリアス
キャンプ・シールズ
うるま市
嘉手納飛行場
陸軍貯油施設
嘉手納町
沖縄市
浮原島訓練場
■沖縄基地隊（海自）
キャンプ桑江
北谷町
ホワイト・ビーチ地区
■勝連分屯地（陸自）
キャンプ瑞慶覧
泡瀬通信施設
北中城村
津堅島訓練場
普天間飛行場
牧港補給地区
宜野湾市
中城村
浦添市
西原町
那覇港湾施設
■那覇航空
基地（海自）
那覇市
与那原町
南風原町
■知念分屯地（空自）
■知念分屯地（陸自）
南城市
豊見城市
■那覇駐屯地
（陸自）
■那覇高射教育
訓練場（空自）
八重瀬町
■与座分屯地（陸自）
■那覇基地（空自）
■南与座分屯地（陸自）
糸満市
■那覇病院
■与座岳分屯基地（空自）
■島尻分駐所
■は自衛隊基地

2010年5月30日

普天間飛行場辺野古移設明記の日米共同声明

潮平　芳和（編集局次長、現論説委員長）

特別評論

民意無視の強権政治憂う

米軍普天間飛行場の名護市辺野古移設を明記した日米共同声明は、この国が日米同盟維持のためには手段を選ばぬ「強権国家」であることを明らかにした。「最低でも県外」と主張した鳩山由紀夫首相に期待した県民の落胆、失望は計り知れない。

いくら国策でも、県や市町村の自治権を侵害し、住民意思を無視する政策決定は民主国家ではあり得ない。「地域主権」を旗印とする民主党政権にあるまじき行動である。

この国では民意封じ込めの歴史が繰り返されている。1995年、米兵による不幸な事件を機に、大田昌秀知事が日米地位協定改定要求を強め、米軍用地強制使用手続きの代理署名を拒否したことで県民世論が大きなうねりを見せた。

知事の代理署名拒否が違法か否かが争われた1996年の代理署名訴訟で、最高裁は強制使用の根拠となる米軍用地特措法の違憲性を訴えた県の主張を門前払いし、国側全面勝訴の判決を言い渡した。

1996年4月の日米安保共同宣言で日米両政府は、安保条約の適用範囲を「極東」から「アジア太平洋」に拡大する安保再定義を行った。県が求めた「在日米軍4万7千人体制の不明記」や「極東条項厳守」の要求は黙殺された。

国会では1997年、衆参両院で8割もの議員の賛成により、強制使用手続きへの地方自治体の関与を事実上はく奪する米軍用地特措法の改定が行われた。

この国では司法、行政、立法の三権が結果として安保条約の運用のゆがみや、基地にまつわる構造的な「不平等」「不公正」に何ら有効な手だてを講じ切れなかった。沖縄を踏み台にした民主主義。それが戦後日本の現実である。

今回の共同声明もまた、日米同盟が「アジア太平洋の平和、安全、繁栄にとって不可欠だ」と再確認した。声明には安保条約をいびつにしているという自覚や後ろめたさが感じられない。

沖縄戦には「軍隊は住民を守らない」という教訓があるが、今、新たな教訓が刻まれつつある。「国は住民を守らない」。背筋が寒くなる事態である。

日米両国は戦後、基地反対の世論が高まるたびに振興策による分断を図り、「基地の自由使用」を確保してきた。今また、辺野古移設で民意を封じようと腐心している。しかし、こうした「アメとムチ」を駆使した強権政治はもはや通用しない。県経済界のリーダーが基地受け入れを条件とした経済振興策について、「基地に依存して飯を食おうとは思っていない」(知念栄治県経営者協会会長)と述べている。「県外・国外」移設を強める県民の心に寄り添った慧眼《けいがん》である。

鳩山首相は会見で「沖縄の基地問題解決に取り組むことが自分の使命だ。全面解決へ命懸けで取り組む」と述べた。美辞麗句はいらない。決意が本物なら、普天間の国外移設や撤去へ命懸けで取り組んでもらいたい。〝銃剣とブルドーザー〟と根を同じくする辺野古移設の強行が、この国の「民主主義の終わり」の始まりになると自覚すべきだ。

（しおひら・よしかず）

特別評論

2011年3月11日

ケビン・メア氏の差別発言

普久原　均（編集局次長、現論説副委員長）

日米に差別の既視感

メア米国務省日本部長が更迭《こうてつ》された。更迭されて当然の、差別的発言の数々だったが、内容には妙に既視感があった。「東京は沖縄の知事に伝える必要がある。『お金が欲しければ（基地移設案に同意する）サインをしなさい』と」。メア氏のこの発言など、特にそうだ。

移設の進展度合いに応じ、交付金を支出するよう求める守屋武昌元防衛事務次官の「出来高払い」の発想と、何が違うだろうか。

守屋氏の著書の帯の文句は「『引き延ばし』『二枚舌』不実なのは誰なのか」だった。沖縄の人は不実だとなじる内容だ。メア氏の「沖縄の人々は日本政府を巧みに操り、ゆすりをかける名人」という言葉など、守屋氏の発言かと耳を疑うほど酷似している。

普天間飛行場の辺野古移設を決めた在日米軍再編に関する2005年の日米合意の際、メア氏は駐日米大使館の実務の責任者だった。守屋氏は言うまでもなく、日本側の事務方トップだ。

問題の本質は、米軍再編の日米合意を交わした両国の交渉当事者に共通して、このような差別的意識が存在していたということだ。むしろ、そんな意識がなければ交わせなかった合意だったとも言える。

メア氏の発言がそれを裏付けている。「本土には受け入れる場所がない」と語る一方、沖縄に基地受け入れを迫っているのは、本土の民意は重視するが、沖縄の民意はくみ取らなくていいと言うに等しい。

守屋氏も、基地の県外移設を模索しないのは「本土はどこも反対決議の山」だから、と語っていた。沖縄こそ反対決議を連発しているにもかかわらず、である。まさにダブル・スタンダード（二重基準）、差別にほかならない。

今回の騒動から日米両政府がくみ取るべき教訓は、沖縄の民意も、他県と同じ程度に重視すべきだということだ。沖縄に対する長年の差別的取り扱いから決別する、ということでもある。そこから出発すれば、基地の県内移設を断念するのは理の当然と言えよう。

沖縄の戦後史を見ればメア氏のような発言は繰り返されている。歴代の高等弁務官を想起すれば分かる。しかし今回は、県民の反発のゆえに、権力の中枢にいる人物がその座を追われた。沖縄の戦後史で特筆すべき出来事と言っていい。

県民が結束し、一致して強い意思を示せば、それだけのことを成し遂げられるのだ。われわれはもはや運命を「甘受」するだけの存在ではない。二重基準をはね返そう。そして確認したい。この島の未来をどうするか、その決定権は日本政府にも、まして米国政府にもなく、県民の手にある。

（ふくはら・ひとし）

特別評論

2013年8月3日
オスプレイの追加配備
「無関係のまなざし」が元凶

松永　勝利（社会部長）

在沖縄米軍トップで海兵隊中将のケネス・グラック四軍調整官（当時）が2012年8月、共同通信の単独インタビューに応じ、垂直離着陸輸送機MV22オスプレイについてこう言い切った。

「最も安全な航空機を開発できた」

根拠として示したのが米軍の事故評価基準だ。200万ドル以上の損害が出たクラスAのオスプレイの事故率は米軍機の中で低いという。記事は「最も安全な航空機」などの見出しを付けて全国の加盟報道機関に配信された。この事故率の低さには、からくりがある。海兵隊は2009年にクラスAの損害額をこれまでの「100万ドル以上」から「200万ドル以上」に引き上げていた。このためオスプレイのクラスAの事故率は1・93となり、海兵隊全体の2・45より低くなる。しかし従来の事故評価基準を適用すれば3・98に跳ね上がる。事故率を低くする巧妙な数字の操作が行われていたのだ。

琉球新報はインタビュー記事の約2週間前、評価基準を見直した事実を1面トップで報じている。このため四軍調整官の事故率発言の共同記事だけでは読者に誤解を与えると判断し、基準見直しなどを理由に「安全」には矛盾があることを指摘する独自の記事を、後日あらためて掲載した。

多くの県外紙には「最も安全な航空機」と海兵隊が主張する配信記事が掲載され、その読者は基準見直しの事実を知らぬまま「安全」との印象を抱いたかもしれない。琉球新報は幾度となく四軍調整官への単独インタビューを申し入れてきたが、私が記者になってからの24年間、海兵隊が応じた記憶はほとんどない。米軍の意向に沿うニュースが流れるようメディアを選別しているのだ。

琉球新報は2012年10月の配備前から、オスプレイの危険性を具体的な事実をもとに指摘してきた。飛行準備中に勝手に離陸を始め、9メートル上昇後に地上に落下した事故はクラスAに該当していたが、公表から除外していたことも明らかにした。「情報隠し」をする組織の説明をうのみにして、安全性を見いだすことなどできない。

琉球新報と毎日新聞による２０１２年５月の世論調査では、県内の９割がオスプレイ配備に反対と回答した。それにもかかわらずオスプレイ12機が２０１２年10月、米軍普天間飛行場に強行配備された。配備後、県知事と県内41全市町村長が反対を表明し、県議会と全市町村議会が反対決議をしている。沖縄全体が反対する中、新たな12機が追加配備される。８月３日と５日に岩国から普天間に飛来する。沖縄の民意をどこまで踏みにじれば気が済むのだろう。

配備後の２０１２年10月から２０１３年６月末までの９カ月で、普天間飛行場から派生する航空機騒音は宜野湾市上大謝名《おおじゃな》地区で１万３０８６回発生し、前年同期より１３２１回、11・２％増加した。基地から数百メートルの場所にある緑ケ丘保育園では、園児が爆音で立ちすくむ光景は日常だ。職員が泣き叫ぶ園児をなだめようと抱き上げたら、心臓が大きく脈打っていたこともある。追加配備で騒音激化は避けられない。

２０１２年２月、米側が在沖海兵隊の岩国への一部移転を打診した際、政府は即座に拒否した。玄葉光一郎外相（当時）は岩国市長に「（移転を）お願いするつもりはないので、安心してほしい」と述べた。しかしオスプレイの沖縄配備を断って、沖縄県民に「安心してほしい」とは言わない。

そもそも普天間飛行場に駐留する第１海兵航空団は、１９７６年に岩国から沖縄に移った組織だ。本土から沖縄には容易に移転し、沖縄から県外への移転は政府が拒絶する。差別以外の何物でもない。

4年前、米国務省の記者会見で日本経済新聞の記者がこんなことを言っていた。「私たちはみな（名護市辺野古移設に合意した）ロードマップが最適な計画だと知っている」

辺野古移設も知事、県内全市町村長、県議会、全市町村議会が反対だ。記者の言う「私たち」に沖縄の民意は含まれていないようだ。政府も大手メディアも沖縄の基地問題を、自身とは無関係の「人ごと」として捉えてはいまいか。そのまなざしこそ、沖縄に過重な基地を置き続ける元凶に映ってしかたない。

（まつなが・かつとし）

特別評論

2013年10月2日

オスプレイ強行配備から1年

「直下」の苦悩、直視を

小那覇　安剛（中部支社報道部長）

垂直離着陸輸送機MV22オスプレイの飛行経路下で暮らす人々に話を聞くと、「怖いねえ」「落ちないだろうか」「エンジン音が気持ち悪い」という反応が即座に返ってくる。その中で滑走路に近い宜野湾市内の小学校に勤める男性教諭との、何気ない会話が心に引っ掛かっている。

「配備されたころ、子どもたちはオスプレイの重低音を怖がった。だけど、しばらくすると慣れてしまった。この慣れが怖い」。こう語り、教諭は困惑した表情を浮かべた。児童にとって慣れることが手っ取り早いオスプレイ対処法だ。しかし、恐怖に慣れたところでオスプレイの飛行訓練は続く。教諭は矛盾を抱え、校門をくぐる。

同僚記者が普天間飛行場の滑走路に近い宜野湾市内の保育園で聞いた話には胸が痛くなった。オスプレイの進入経路の真下にある園では、重低音が近づくたびにバルコニーにしがみつく園児をなだめるため、保育士が「飛行機バイバーイ」と声を掛けるという。

騒音による園児への影響を保育士は心配している。園児をなだめても騒音が減るわけではないが「バイバーイ」と声を掛けずにはおれない。頭上を飛ぶオスプレイから園児を守るための、やむにやまれぬ対応であり、基地を抱える街で生き抜く術でもある。

男性教諭や保育士の話は、「オスプレイ直下」に置かれた沖縄の苦悩を端的に示すものだ。

垂直離着陸輸送機ＭＶ22オスプレイの強行配備から、２０１３年10月1日で1年を迎えた。それを前に9月には12機が追加配備された。普天間飛行場を拠点に、昼夜を問わず繰り返される飛行訓練とエンジンから響く重低音は、沖縄の日常に組み込まれたかに見える。無論、県民はその事実を容認しているわけではない。むしろ不安や怒りは収まらず、県民意識の奥底で増幅・再生産され続けていると言っていい。

配備後も重大事故が起きたにもかかわらず、その実態を米軍は明らかにしない。日本政府はオスプレイ撤去を求める県民の訴えに耳を貸さず、運用ルールや安全確保策に反する飛行が常態化している事実すら認めない。このことが県民の不安をあおり、怒りに油を注いでいる。超党派で沸き起こったオスプレイ反対運動が粘り強く持続しているのも、その裏返しである。

キャンプ・ハンセン演習場に隣接し、低空飛行や夜間訓練による深刻な騒音被害に悩む宜野座村城原《ぎのざそんしろはら》区は2013年3月に区民大会を開き、今日まで沖縄防衛局に対するオスプレイ撤去要請を繰り返している。「政府は配備前から反対する県民の声を無視しており、国民に寄り添う意識がない」という区民の怒りは県民全体に共有されるものだろう。

県民の不安と怒りは過酷な沖縄戦後史にも根差している。1959年に起き、児童ら18人が犠牲になった宮森小学校ジェット機墜落事故の遺族らは、「私たちの悲しみを繰り返してはならない」との思いから体験を語り継いでいる。

自身も体験者で、証言収集活動を進めるNPO法人石川・宮森630会の豊浜光輝会長は、「つらいけれど、証言することは私たちの責任だ」と話す。悲惨な体験を語り、継承することが、沖縄戦後史をばねにしたオスプレイ配備への根源的な抵抗となっている。

この1年間、沖縄で鮮明に見えてきたものがある。声高に抑止力維持を論じながら、県民の不安や怒りと向き合うことを避けてきた政府の対米追従姿勢の極みであり、沖縄を犠牲にすることでしか成立しない日米安保体制の欠陥だ。沖縄の犠牲から目をそむけ、安保の恩恵を享受し続ける日本社会全体の「慣れ」を県民は恐れている。

前述の男性教諭や保育士が抱えるような苦悩が和らぎ、日々増幅する不安や怒りが払拭される日を県民は待ち望んでいる。そのためにも「オスプレイ直下」の沖縄と真摯《しんし》に向き合うよう政府や日本本土の国民に求めたい。

（おなは・やすたけ）

特別評論

2013年12月27日

知事、辺野古埋め立て承認表明

「分断」加担の責任重い

松元　剛（編集局次長）

歴史は繰り返される。特に沖縄の基地問題はそうだ。日本の国益、時の政権益の影で、沖縄の県益は力ずくで片隅に追いやられる。

沖縄返還交渉や普天間飛行場の返還・移設問題の節目を振り返ると、政府が対症療法のように繰り出す、基地重圧を改める約束事はほとんど機能しないまま、沖縄に混迷だけをもたらして次の局面に移ってきた。無責任と迷走の連鎖である。

仲井真弘多知事は、米軍普天間飛行場の「県外移設」公約を覆し、代替新基地となる名護市辺野古埋め立てを12月27日に正式承認する。移設計画が浮上して不毛の17年が過ぎた。県内移設は不可能だという教訓をないがしろにした知事によって、沖縄現代史に新たな禍根《かこん》が刻まれることになる。

クリスマスの12月25日、首相官邸を舞台に、沖縄への誤解を増幅させる壮大な「詐術《さじゅつ》」を帯びた劇が日本中を相手に演じられた。「だまし絵」と言い換えてもいい。演出・脚本は菅義偉《すがよしひで》官房長官、演じる役者は安倍晋三首相と仲井真知事だ。

「普天間飛行場の5年以内の運用停止」に言及しなかったことに象徴される、基地負担軽減の担保にならない〝口約束〟に応じ、仲井真知事は「驚くべき立派な内容」「有史以来の予算」「私は（首相の）応援団」「良い正月を迎えられる」と安倍首相を絶賛した。基地の重圧にあえぐ沖縄の知事が、ここまであけすけに時の首相を持ち上げる卑屈な姿を見せたのは、有史以来初めてだ。

さらに、知事は「１４０万県民を代表してお礼する」と述べた。「県外移設」を切望する足元の民意に背を向ける知事が、県民の「代表」を標榜することに強烈な違和感を抱く。

仲井真氏は、「沖縄は金で転ぶ」という安倍政権による印象操作に手を貸し、オール沖縄の世論を割る役回りを演じた。安倍首相の高笑いが聞こえるようだ。政権に従う側とあらがう側をいがみ合わせて力をそぎ、権力側の思惑通りの展開にする。沖縄の知事が、「植民地統治」の核心である「分断統治」に加担してしまう責任はあまりに重い。

もはや、知事としての適格性は失われたに等しい。承認との判断を下すなら、職を賭して県民の審判を受けることが筋だろう。

米国は、沖縄に圧力をかける安倍政権のお手並みをうかがいつつ、沖縄の民意を注視している。知事が埋め立てを承認しても、2014年1月の名護市長選の結果によっては、在沖海兵隊の本国や豪州などへの撤収を含む「プランB」が模索される可能性がある。

民意を押しつぶして、安倍政権が新たな基地を流血の事態の末に築く危険性を、米政府や米国の知日派は認識している。名護市長選は、「県内移設」の可否に対する直近の民意を示す、文字通りの天王山となろう。

今、失望や諦念《ていねん》を抱く県民も多いはずだが、沖縄が新たな地平に向き合うことの必要性を自覚したい。ここ4年、「県内移設ノー」の民意が一つに結ばれる過程で、私たちは、尊厳を懸けて、基地押し付けの不条理を差別と捉え、敢然と異議を申し立てることの正当性を深く認識した。その歴史的価値は全く減じない。沖縄の力を過小評価せず、沖縄の未来は沖縄が決める「自己決定権」を発揮しよう。局面を変える節目はこれからも到来する。

（まつもと・つよし）

２０１４年１月23日

名護市長選挙

沖縄に民主主義適用を

特別評論

松元　剛（編集局次長）

２０１４年１月19日に投開票された名護市長選挙の敗者は３人いる。米軍普天間飛行場の名護市辺野古への移設を訴えた候補者だけではない。

２人目は政府の埋め立て申請を２０１３年末に承認し、県民から「公約違反」と厳しく批判されている仲井真弘多知事だ。そして仲井真氏と気脈を通じ、東京から閣僚や自民党幹部を続々と送り込み、総力を挙げて市政奪還に挑んだ安倍晋三首相も敗者の一員である。

仲井真、安倍の両氏は、「名護は基地押し付けに屈しない」という市民の思いを呼び起こす触媒となり、皮肉にも、移設に断固反対する現職稲嶺進氏を押し上げる役回りを演じた。

自民党が推した末松文信氏は、安倍首相と仲井真知事との連携を強調し、条件付きではなく「移設積極推進」の旗を初めて掲げた。豊かな自然が息づく名護市辺野古海域を埋め立てて、新たな基地を建設する計画を認めるか否かが真正面から問われた。

琉球新報などの出口調査によると、最も重視した政策に「普天間移設の是非」を挙げた人が55％に上り、前回の約3倍にはね上がった。その85％が移設に断固反対する現職の稲嶺氏に投票し、再選の原動力となった。

名護市出身者の気質を表す言葉に「名護マサー」がある。マサーは「勝る」の意だ。「負けるものか」という反骨心と「名護のことは名護で決める」という自立意識の強さを表し、故郷・名護への愛着と誇りを込めて使われる。

２０１３年末、「県外移設」を掲げていた自民党県連と仲井真知事を、「県内移設」に転換させた安倍政権と自民党本部の市長選への対応は、名護のことは名護が決めるという「名護マサー」をいたく刺激した。末松氏支援のため、押し寄せた中央の有力者は応援演説の大半を、基地受け入れの引き換えに繰り出す「カネ」の話に割いたからだ。

終盤には、石破《いしば》茂自民党幹事長が街頭演説で突然、５００億円の「名護振興基金」をぶち上げ、末松陣営は地元二紙に全面広告を打ち、華々しくアピールした。だが、この基金の内実が既存予算の付け替えであることが報じられた途端、自民党の国会議員も候補者本人も遊説で「５００億円」を口にしなくなった。虚飾の予算を振りかざしてまで、歓心を買おうとした戦術は名護市民に見透かされ、完全に裏目に出たのだ。

辺野古移設の是非が争点になった過去４度の選挙で、容認派に投票してきたという男性（67歳）は、「カネで心を売り渡せと促すかのような末松陣営の主張は、『名護マサー』に火を着けた。馬鹿にするにもほどがある」と憤り、妻と共に移設反対の稲嶺氏に票を投じた。

3千票差を超えれば、大差の部類に入る名護の選挙で、稲嶺氏は末松氏に4155票差を付け、前回から1889票を上積みした。

名護市民は「カネ」を前面に据える「アメとムチ」に彩られた「補償型基地維持施策」をきっぱり拒否し、いばらの道であることを自覚しながら、尊厳を懸けて自立した名護を切り開く道を選んだ。名護の「自己決定権」の発揮によって最後の砦が守られ、「沖縄は屈しない」という民意の強さを印象付けた。政府の常とう手段である「アメとムチ」は、もはや沖縄では通用しないだろう。

稲嶺氏の勝利からわずか2日後、安倍首相は「辺野古推進」を明言し、新基地建設に向けた入札を実施した。「第3の敗者」が強固な「移設反対」の民意を敵視し、力ずくで沖縄を組み敷くと宣言したに等しい。

安倍首相に問いたい。福島の原発事故で辛酸をなめている地元自治体の長がかたくなに拒んでも、その地に新たな原発を建てることができるのかと。沖縄に対する差別はより露骨になりつつある。沖縄はいつまで、民主主義の誠実な適用を求め、叫び続けなければならないのだろうか。（まつもと・つよし）

都道府県別米軍施設面積

2014年1月1日現在

都道府県名	面積	全体面積に占める割合
合計	309,004 千 m^2	100.00%
北海道	4,274 千 m^2	1.38%
青森県	23,743 千 m^2	7.68%
埼玉県	2,033 千 m^2	0.66%
千葉県	2,095 千 m^2	0.68%
東京都	13,207 千 m^2	4.27%
神奈川県	18,170 千 m^2	5.88%
静岡県	1,205 千 m^2	0.39%
京都府	35 千 m^2	0.01%
広島県	3,539 千 m^2	1.15%
山口県	7,914 千 m^2	2.56%
福岡県	23 千 m^2	0.01%
佐賀県	13 千 m^2	0.00%
長崎県	4,691 千 m^2	1.52%
沖縄県	228,062 千 m^2	73.81%

在日米軍施設・区域面積

2014年1月1日現在

区分	施設・区域数	面積	全体面積に占める割合	国土（県）面積に占める割合
全体	84 施設・区域	309,004 千 m^2	100.00%	0.08%
（うち本土）	52 施設・区域	80,941 千 m^2	26.19%	0.02%
（うち沖縄）	32 施設・区域	228,062 千 m^2	73.81%	10.02%

注1：日米地位協定第2条第1項（a）に基づき、米軍が使用している施設・区域の面積である。

注2：計数は、四捨五入によっているので符合しない場合がある。

沖縄県内基地関係事件・事故数の推移

2012年12月末現在

区分			年別	2004	2005	2006	2007	2008	2009	2010	2011	2012
米軍関係	演習等関連事件・事故	航空機関連	墜落	1	0	1	0	1	0	0	0	0
			不時着	47	57	25	32	22	8	6	8	15
			その他	5	6	6	4	5	2	4	7	3
		（小計）		53	63	32	36	28	10	10	15	18
		流弾等		0	0	0	0	1	0	0	0	0
		廃油等の流出による水域等の汚染		8	4	3	4	6	11	5	8	8
		原野火災		7	9	8	20	18	14	8	8	13
		その他		4	11	4	3	1	3	8	4	5
			小計	72	87	47	63	54	38	31	35	44
	その他の事件・事故			5	6	12	12	18	21	22	27	19
			合計	77	93	59	75	72	59	53	62	63
			提供区域内	64	76	41	58	53	34	18	27	36
			提供区域外	13	17	17	17	19	25	35	35	27
自衛隊関係				8	10	6	3	5	9	22	10	22
			総計	85	103	65	78	77	68	75	72	85

注1：件数は、県によって確認されたものである。ただし、原野火災の件数は、沖縄防衛局の資料による。

2：「演習等関連事件・事故」の「その他」には、パラシュート降下訓練における施設外降下を含む。

沖縄県内の米軍構成員等による犯罪検挙状況

（沖縄県警察本部の資料より　単位：件、%）

区分	米軍構成員等事件　（件数）							全刑法犯	米軍構成員等
年次	凶悪犯	粗暴犯	窃盗犯	知能犯	風俗犯	その他	計	（件数）	事件比
1972	24	77	51	16	1	50	219	4,656	4.7
1973	37	93	122	14	3	41	310	4,469	6.9
1974	51	82	151	7	1	26	318	4,874	6.5
1975	31	52	110	7	1	22	223	6,394	3.5
1976	49	75	97	5	1	35	262	8,644	3.0
1977	69	76	121	13	1	62	342	10,605	3.2
1978	30	70	130	5	2	51	288	10,115	2.8
1979	43	46	113	5	5	62	274	10,668	2.6
1980	35	44	168	21	1	52	321	11,354	2.8
1981	27	38	130	20	1	37	253	11,578	2.2
1982	19	53	94	9	3	40	218	12,794	1.7
1983	15	38	114	8	0	36	211	13,471	1.6
1984	10	26	75	4	3	24	142	15,139	0.9
1985	13	32	91	3	2	19	160	16,392	1.0
1986	8	15	116	3	0	13	155	13,916	1.1
1987	5	18	69	3	3	25	123	12,704	1.0
1988	6	20	133	3	2	13	177	12,705	1.4
1989	7	21	110	2	0	20	160	10,671	1.5
1990	6	11	60	2	0	19	98	8,185	1.2
1991	10	5	79	0	2	20	116	8,090	1.4
1992	3	2	35	1	2	8	51	7,923	0.6
1993	6	3	141	1	1	11	163	8,987	1.8
1994	5	11	101	0	2	11	130	10,691	1.2
1995	2	6	44	1	3	14	70	12,886	0.5
1996	3	6	24	0	2	4	39	11,078	0.4
1997	3	8	27	0	2	4	44	10,310	0.4
1998	3	8	17	2	2	6	38	7,300	0.5
1999	3	7	22	2	1	13	48	7,989	0.6
2000	4	6	26	0	3	14	53	6,226	0.9
2001	4	6	37	5	2	16	70	5,268	1.3
2002	2	11	41	4	2	21	81	4,694	1.7
2003	7	11	48	11	4	31	112	6,227	1.8
2004	1	12	23	3	4	16	59	5,760	1.0
2005	2	7	28	7	1	21	66	6,675	1.0
2006	3	10	21	9	0	14	57	6,798	0.8
2007	6	2	27	14	0	14	63	7,208	0.9
2008	7	5	14	20	1	23	70	6,636	1.1
2009	3	13	17	1	0	16	50	5,563	0.9
2010	2	11	32	4	2	20	71	5,017	1.4
2011	4	2	13	0	0	23	42	5,058	0.8
2012	2	6	12	2	3	29	54	4,233	1.3
計	570	1,045	2,884	237	69	996	5,801	359,951	1.6

2007　7月、本島北部・東村高江でのヘリ（オスプレイ）パッド建設に反対する住民の座り込み始まる。

9月、「教科書検定意見撤回を求める県民大会」に11万6千人が参加。

2008　3月、「米兵によるあらゆる事件・事故に抗議する県民大会」開催。

2009　8～9月、普天間飛行場「県外移設」を掲げた民主党が衆院選で大勝し、政権交代果たす。鳩山由紀夫氏が首相に就任。

2010　1月、名護市長選で県内移設に反対する稲嶺進氏が当選。

4月、「普天間基地の早期閉鎖・返還、国外・県外移設を求める県民大会」に9万人が参加。

5～6月、鳩山由紀夫首相が来県し、普天間飛行場の県内移設への回帰を表明。混迷の責任を取り、辞任。

11月、県知事選で「県内移設容認」から「県外」へ政策転換した仲井真弘多氏が再選。

2011　2月、鳩山由紀夫前首相が、普天間飛行場の県内移設回帰をめぐり、理由とした「抑止力」は「後付けの方便だった」と発言。

3月、ケビン・メア国務省日本部長（元在沖米総領事）が「沖縄はゆすりの名人」と蔑視発言したことが報じられ、県民の猛反発を呼び、メア氏更迭。

11月、田中聡沖縄防衛局長、辺野古移設を性的暴行に例えた暴言で更迭。

2012　9月、「オスプレイ配備に反対する県民大会」に10万6千人が参加。

同月末、オスプレイ配備に反対する市民が普天間基地のゲートに座り込み、4日にわたり基地を封鎖。

10月、オスプレイ12機が普天間に配備（翌年、12機が追加）。

2013　1月、沖縄の41全市町村の首長と議長、県会議長らが基地負担の軽減を求める「建白書」をたずさえて上京、安倍晋三首相に手渡す。

4月28日、政府による「4・28主権回復を祝う式典」に対抗して「4・28政府式典に抗議する『屈辱の日』沖縄大会」を開く。

11月、沖縄選出の自民党国会議員、「県外移設」の公約を撤回して「県内移設」を容認。

12月、仲井真知事、県外移設公約を破棄して辺野古埋め立て申請を承認。

2014　1月、名護市長選で稲嶺進氏が再選される。

◈本書関連略年表

1945　6月23(22)日、沖縄戦の組織的戦闘が終わる。
　　　8月14日、日本政府、連合国によるポツダム宣言受諾。
1951　9月8日、対日平和条約、サンフランシスコで調印。
1952　4月28日、対日平和条約・日米安保条約発効。日本、独立を回復、但し、沖縄・奄美・小笠原諸島は米国の統治下に置かれる。
1953　米軍、基地拡張のため「土地収用令」を公布。
1954　琉球立法院、「土地を守る4原則」を決議。
1956　プライス勧告発表。〝島ぐるみ闘争〟爆発。
1960　日米安保条約改定。沖縄県祖国復帰協議会、結成。
1968　初の首席公選、屋良朝苗氏当選。B52戦略爆撃機、墜落爆発。
1971　沖縄返還協定調印。初の県知事選で屋良氏当選。
1972　5月15日、沖縄県、日本に復帰。
1995　沖縄戦50年、「平和の礎」完成。
　　　9月、米兵3人による少女暴行事件起こる。
　　　10月、「少女暴行を糾弾し、地位協定見直しを要求する県民総決起大会」に8万5千人が参加。
1996　1月、沖縄県（大田昌秀知事）、2015年の基地全面撤去を最終目標とする「基地返還・アクション・プログラム」を発表。
　　　4月、橋本龍太郎首相・モンデール駐日米大使、普天間基地返還合意を発表。
　　　12月、SACO(沖縄に関する日米特別行動委員会)最終報告を発表。
1997　1月、政府、普天間基地の移設先としてキャンプ・シュワブ沖(辺野古)での海上ヘリ基地建設を表明。
　　　12月、基地建設について名護市民投票、反対多数。
1998　2月、名護市長選で岸本建男前助役、反対派候補を破って当選。
2004　4月、那覇防衛施設局、基地建設のためのボーリング調査に入るが、駆け付けた住民に阻止される。以後、住民らによる座り込み抗議・阻止行動が今日まで一日も欠かさず続けられている。
　　　8月、普天間基地所属の大型ヘリが沖縄国際大学の構内に墜落、炎上。
2006　6月、日米両政府が在日米軍再編に合意。名護市辺野古沖にV字滑走路を配した普天間飛行場の代替新基地建設を造る計画に変更。

琉球新報社

1893年9月15日に沖縄初の新聞として創刊。1940年、政府による戦時新聞統合で沖縄朝日新聞、沖縄日報と統合し「沖縄新報」設立。戦後、米軍統治下での「ウルマ新報」「うるま新報」を経て、1951年のサンフランシスコ講和条約締結を機に題字を「琉球新報」に復題。現在に至る。

各種のスクープ、キャンペーン報道で、4度の日本新聞協会賞のほか、日本ジャーナリスト会議（ＪＣＪ）賞、石橋湛山記念早稲田ジャーナリズム大賞、平和・協同ジャーナリスト基金賞、新聞労連ジャーナリスト大賞、日本農業ジャーナリスト賞など、多数の受賞記事を生んでいる。

琉球新報が伝える
沖縄の「論理」と「肝心《ちむぐくる》」

●二〇一四年五月一五日――――第一刷発行

編著者／琉球新報社論説委員会

発行所／株式会社 高文研
東京都千代田区猿楽町二―一―八
三恵ビル（〒一〇一＝〇〇六四）
電話 03＝3295＝3415
振替 00160＝6＝18956
http://www.koubunken.co.jp

印刷・製本／モリモト印刷株式会社

★万一、乱丁・落丁があったときは、送料当方負担でお取り替えいたします。

ISBN978-4-87498-544-1 C0036